# 第5回びわ湖検定

## 問題と解答

### 目 次

第6回びわ湖検定の試験概要・・・・・・・・・1
第5回びわ湖検定の試験/スタンプラリー結果・7
3級　問題と解答　80問・・・・・・・・・10
2級　問題と解答　100問・・・・・・・・30
1級　問題と解答　48問・・・・・・・・・56

---

凡例
- 本書では、「琵琶湖」と漢字表記になっている固有名詞を除き、「びわ湖」と平仮名での表記に統一しました。
- 人名・地名などの固有名詞の漢字表記や読み仮名は、一般的に適用しているものを採用しましたが、別の表記が存在する場合もあります。
- 問題文中にあった「今年」「昨年」などの語には、続くカッコ内にいつのことかを注記しました。
- 市町名は、第5回試験が行われた平成24（2012）年12月時点のものです。

# 第6回びわ湖検定の試験概要

## 1. 3級と2級の試験（連続受験できます。）

試験実施　3級、2級

試験日時　平成25（2013）年12月1日（日）
　　　　　3級　　9:30 〜
　　　　　2級　　13:30 〜

試験場所　滋賀県庁、立命館大学びわこ・くさつキャンパス、
　　　　　滋賀県立大学、今津サンブリッジホテル

## 2. 1級の試験（準1級判定実施します。）

試験実施　1級

試験日時　平成26（2014）年2月2日（日）
　　　　　1級　　13:30 〜

試験場所　滋賀県庁

## 上記1と2共通概要

出題内容　滋賀の自然環境、歴史・文化、観光・物産、くらしなどについて

受験資格　学歴、年齢、性別、国籍等の制限はありません。
　　　　　（但し、言語は日本語による対応のみです。）
　　　　　1級受験は、2級合格者に限ります。

申込期間　平成25（2013）年8月21日（水）〜 10月23日（水）

申　　込　第6回びわ湖検定試験は、各級別に受験日時を設定していますので
　　　　　各級連続申込も可能です。（1級受験は、12月2日の2級資格要）

受験料と　1. 3級の申込・・・・・受験料　　2,000円　　試験日 12/1
申込番号　2. 2級の申込・・・・・受験料　　3,500円　　試験日 12/1
　　　　　3. 1級の申込・・・・・受験料　　5,000円　　試験日 2/2
　　　　　4. 3級と2級申込・・・受験料　　5,500円　　試験日 12/1
　　　　　5. 2級と1級申込・・・受験料　　8,500円　　試験日 12/1と2/2
　　　　　6. 3級と2級と1級申込・受験料 10,500円　　試験日 12/1と2/2
　　　　　※申込番号5・6の1級受験料は、2級合格後にお振込ください

申込方法　実施案内・受験申込書の申込封書で事務局まで郵送してください
　　　　　郵送前に受験料を滋賀銀行・関西アーバン銀行・ゆうちょ銀行口
　　　　　座へ振込又は、書店（取扱店）よりお支払いください。

## びわ湖検定とは

　びわ湖検定は、滋賀に関する知識を問う検定試験です。滋賀は、日本中心部に位置し、びわ湖をはじめ自然環境に恵まれ、古来、歴史や文化の舞台になってきた豊かな風土を持っています。検定を通して滋賀のよさを発見し、興味を持って各地を訪れていただくとともに、滋賀の魅力を発信し、ひいては地域で活躍する人材育成を目的とします。

出題内容は、滋賀の自然環境、歴史・文化、観光・物産、くらしなどについて。

出題レベル、合格基準、受験料

| 級 | 出題数 | レベル・内容 | 合格基準 | 受験料 |
|---|---|---|---|---|
| 3級 | 80問以内 | ● 基礎的な知識レベル<br>● 公式テキストから7割以上を出題<br>● 公式セミナーから1割程度を出題 | ● マークシート択一方式で<u>70％以上の正解</u>で合格<br>● スタンプラリーで最大20％加点 | 2,000円 |
| 2級 | 100問以内 | ● やや高度な知識レベル<br>● 公式テキストから7割以上を出題<br>● 公式セミナーから1割程度を出題 | ● マークシート択一方式で<u>80％以上の正解</u>で合格<br>● スタンプラリーで最大20％加点 | 3,500円 |
| 1級 | 60問以内 | ● 高度な知識レベル<br>● 公式テキスト、公式セミナーに準拠して出題<br>● 「滋賀の環境2013※」にも一部準拠して出題<br>※滋賀県環境政策課より10月下旬発行予定 | ● 択一式および記述式で<u>80％以上の正解</u>で1級合格<br>（スタンプラリーの加点はありません） | 5,000円 |
| | | 準1級判定 | ● 上記の問題で<u>60％以上の正解</u>の場合<br>準1級合格 | |

## 合格者向け特典

### 滋賀県内協力施設のサービス・利用割引等
- 美術館、博物館、寺社仏閣、観光施設、船、道の駅、体験施設
- サービス・利用割引内容は、検定ホームページでお知らせします。
- 合格通知の発送時にサービス・利用割引案内書を同封します。

1級合格者には、
- 成安造形大学付属近江学研究所主催
- 「近江学フォーラム」の2014年度年会費無料枠5名様（希望者から抽選）
- 琵琶湖汽船乗船料無料
  対象クルーズ「ミシガンクルーズ」「竹生島クルーズ」
  合格発表後3ヶ月間。

### おごと温泉「琵琶湖グランドホテル」1泊2食ペア宿泊券
全合格者から抽選で5名様にプレゼント
※ご利用期間は、平成26（2014）年3月3日～3月31日の平日限定

### 合格証と合格バッジ
- 1級・準1級・2級・3級合格者には、合格証カードを進呈。
- 1級合格者に合格バッジを進呈。

## 受験案内・受験申込書の入手方法

### ホームページからダウンロード
http://www.ohmi.or.jp/kentei/

### 滋賀県内公共施設等に配置　平成25（2013）年8月21日（水）より
滋賀県内の図書館、公民館、観光施設、書店、JTBなど協力施設に配置します。

### 郵送による請求申込
びわ湖検定実行委員会事務局宛に「びわ湖検定申込書請求」と郵送封筒の表に朱書して、80円切手を貼付し返信先の住所宛名を記載した返信用封筒を同封の上、お送り頂ければ、受験案内・受験申込書を返送します。
送り先
〒520-0051　滋賀県大津市梅林1-3-24　オー・エックス大津ビル1階
　　　　　　びわ湖検定実行委員会　事務局

スタンプラリーの実施

実施期間　平成25（2013）年8月21日（水）～10月16日（水）

びわ湖検定を実施するにあたり、滋賀の魅力を再発見してもらうため、知識を問うだけでなく、各地を訪れていただき、実際に見聞きしたり、体験するきっかけづくりとして、県内の博物館・美術館、寺社仏閣、観光施設等の協力を得て、スタンプラリーを実施します。
スタンプラリーに参加される皆様におかれましては、各施設等の現地において、滋賀の自然環境や歴史文化、観光・物産などについて直接、見聞きしたり、楽しく体験する場としてご活用いただきますよう、よろしくお願いします。
●スタンプラリー台紙とスタンプラリー施設は、「実施案内・受験申込書」に記載しています。
※検定ホームページでもご覧いただけます。
●スタンプラリー施設の目印は、右のミニのぼりが目印です。

スタンプラリーの加点について
●試験点数への加算は、2級・3級のみとなります
●試験点数が最大20点加点します。

ご注意
●各施設におけるスタンプ押印は、お1人様1回限りとさせていただきます。
●スタンプ押印は、各施設の開館時間に限ります。休館等がありますので、お出かけの際は、必ず事前に開館時間や休館日などをご確認ください。
●施設によっては、押印してもらうためには入場料やお店の利用などが必要となります。
●施設によっては、他のスタンプラリーを実施している場合があります。びわ湖検定以外のスタンプが押印されている場合は、加点対象外です。詳しくは、「受験案内・受験申込書」にてご確認ください。

過去受験者の方への特典（2級・3級受験申込者限定）

過去びわ湖検定を受検された方へ、第6回受験特典として、試験点数を5点付与いたします。受験申込書へ試験開催回を明記し、お知らせください。試験点数付与は、2級・3級受験者に限らせていただきます。

## びわ湖検定セミナーの開催

実施日時　平成25（2013）年10月19日（土）
　　　　　　　　　第1講座　13:00～14:30　「近江と戦国時代」
　　　　　　　　　第2講座　15:00～16:30　「びわ湖の自然史と生物」

　　　　　　平成25（2013）年10月27日（日）
　　　　　　　　　第3講座　13:00～14:30　「古代遺跡から見る近江」
　　　　　　　　　第4講座　15:00～16:30　「滋賀の環境2013」

第1～第4講座会場　滋賀県庁　新館7階大会議室　滋賀県大津市京町4-1-1

　　　　　　平成26（2014）年1月11日（土）「1級試験直前セミナー」
　　　　　　　　　第5講座　13:00～14:30　「近江の歴史・文化」
　　　　　　　　　第6講座　15:00～16:30　「近江の環境・自然」

第5・6講座会場　コラボしが21　3階大会議室　滋賀県大津市打出浜2-1

定員　　各講座 200 名（先着順）
受講料　1 講座あたり 1,000 円（当日会場にてお支払いください。）
開催方法　6 テーマごとに 1 講座、計 6 回開催します。
びわ湖検定セミナー申込受付の締切り
開催直前まで受付けておりますが、定員なり次第締切ります。
申込方法　①②③を記して FAX 又は、TEL・e-mail にて下記事務局までお申し込み下さい。お申込み後、申込受付書を送付いたします。
①　氏名
②　連絡先（電話番号・ファックス番号又は e-mail アドレス）
③　受講希望講座

※テーマは、変更になる場合があります。詳細につきましては、
「受験案内・受験申込書」「びわ湖検定ホームページ」でご確認ください

## びわ湖検定申込・検定セミナー申込等のお問い合わせ

びわ湖検定実行委員会　事務局　（株式会社 JTB 西日本　大津支店内）
〒 520-0051　滋賀県大津市梅林 1-3-24　オー・エックス大津ビル 1 階
TEL 077-522-9258　　FAX 077-522-2941
営業時間：9:30～17:30　定休：土日祝 / 年末年始 (12/30-1/3)
e-mail:biwako.kentei@west.jtb.jp
URL:http://www.ohmi.or.jp/kentei/

試験の日程

申込み
↓
● 受験料払込期間
　平成25（2013）年8月21日（水）～10月23日（水）

● スタンプラリー開催期間
　平成25（2013）年8月21日（水）～10月16日（水）
　スタンプラリー施設は、受験案内・受験申込書に掲載しています。

● 受験申込（スタンプラリー台紙）提出締切日
　平成25（2013）年10月23日（水）
※試験日が異なっても各級同じ申込期間です。

受験票
↓
① 受験票発送日
　平成25（2013）年11月13日（水）

② 申込（2級・1級）受験者の受験票発送日
　平成26（2014）年1月8日（水）
※申込時期にかかわらず、受験票発送日に発送しますが
　2級・1級連続申込の1級受験票は、2級試験合格後に発送します。

試験日
↓
① 3級・2級の試験日（連続受験できます。）
　平成25（2013）年12月1日（日）

② 1級の試験日
　平成26（2014）年2月2日（日）

結果発表
↓
● 試験結果・合格証発送日
　① 3級・2級受験者
　　平成26（2014）年1月22日（水）

　② 1級・準1級受験者
　　平成26（2014）年2月19日（水）

　※ 2級・1級連続申込受験者
　　平成25（2013）年12月11日（水）
　　2級・1級同時申込（連続受験）の方には、試験結果（速報型）を郵送でご通知します。再度②も発送します。
● 試験結果未着問合せ期間
　① 3級・2級
　　平成26（2014）年1月27日（月）～1月31日（金）
　② 1級・準1級
　　平成26（2014）年2月24日（月）～2月28日（金）

## 第5回びわ湖検定の試験・スタンプラリー結果

平成24年12月2日実施

### 1. 試験の結果

合格率

| 試験級 | 受験数 | 合格数 | 合格率 | 申込数 | 受験率 |
|---|---|---|---|---|---|
| 1級 | 93 人 | 14 人 | 15.1% | 99 人 | 93.9% |
| 準1級 |  | 30 人 | 32.3% |  |  |
| 2級 | 342 人 | 250 人 | 73.1% | 365 人 | 93.7% |
| 3級 | 420 人 | 340 人 | 81.0% | 457 人 | 91.9% |
| 合計 | 855 人 | 634 人 | 74.2% | 921 人 | 92.8% |

年代別合格率

| 年代 | 1級 受験数 | 1級 合格数 | 1級 合格率 | 準1級 合格数 | 準1級 合格率 |
|---|---|---|---|---|---|
| 10歳未満 | 0 人 | 0 人 | ― | 0 人 | ― |
| 10歳代 | 0 人 | 0 人 | ― | 0 人 | ― |
| 20歳代 | 2 人 | 0 人 | 0.0% | 1 人 | 50.0% |
| 30歳代 | 8 人 | 1 人 | 12.5% | 1 人 | 12.5% |
| 40歳代 | 11 人 | 1 人 | 9.1% | 6 人 | 54.5% |
| 50歳代 | 21 人 | 4 人 | 19.0% | 7 人 | 33.3% |
| 60歳代 | 29 人 | 7 人 | 24.1% | 5 人 | 17.2% |
| 70歳以上 | 19 人 | 1 人 | 5.3% | 10 人 | 52.6% |
| 不明 | 3 人 | 0 人 | 0.0% | 0 人 | 0.0% |
| 合計 | 93 人 | 14 人 | 15.1% | 30 人 | 32.3% |

| 年代 | 2級 受験数 | 2級 合格数 | 2級 合格率 | 3級 受験数 | 3級 合格数 | 3級 合格率 |
|---|---|---|---|---|---|---|
| 10歳未満 | 1 人 | 1 人 | 100.0% | 1 人 | 1 人 | 100.0% |
| 10歳代 | 3 人 | 2 人 | 66.7% | 14 人 | 11 人 | 78.6% |
| 20歳代 | 49 人 | 26 人 | 53.1% | 98 人 | 68 人 | 69.4% |
| 30歳代 | 79 人 | 50 人 | 63.3% | 91 人 | 82 人 | 90.1% |
| 40歳代 | 91 人 | 69 人 | 75.8% | 115 人 | 95 人 | 82.6% |
| 50歳代 | 61 人 | 52 人 | 85.2% | 61 人 | 51 人 | 83.6% |
| 60歳代 | 33 人 | 30 人 | 90.9% | 18 人 | 17 人 | 94.4% |
| 70歳以上 | 14 人 | 13 人 | 92.9% | 8 人 | 7 人 | 87.5% |
| 不明 | 11 人 | 7 人 | 63.6% | 14 人 | 8 人 | 57.1% |
| 合計 | 342 人 | 250 人 | 73.1% | 420 人 | 340 人 | 81.0% |

得点状況の内訳

| 試験級 | 最高得点 | 最低得点 | 平均得点 | 受験数 | 得点が合格基準以上 | 総得点が合格基準以上 |
|---|---|---|---|---|---|---|
| 1級 | 95.20 | 14.40 | 56.25 | 93人 | 14人(15.05%) | 14人(15.05%) |
| 準1級 | | | | | 30人(32.26%) | 30人(32.26%) |
| 2級 | 100.0 | 25.00 | 72.70 | 342人 | 142人(41.52%) | 250人(73.10%) |
| 3級 | 100.0 | 21.25 | 74.07 | 420人 | 262人(62.38%) | 340人(80.95%) |

※ 得点は、100点満点に換算。合格基準は1級80点、2級80点、3級70点。
※ 2級3級の総得点は試験点数とスタンプラリー得点の合計。

## 2. スタンプラリーの結果

参加者とスタンプラリーの平均得点と得点分布図

| 試験級 | 申込数 | 参加数 | 参加率 | 平均点 |
|---|---|---|---|---|
| 2級 | 364人 | 338人 | 92.9% | 15.56 |
| 3級 | 457人 | 355人 | 77.7% | 11.21 |
| 合計 | 821人 | 693人 | 84.4% | 13.33 |

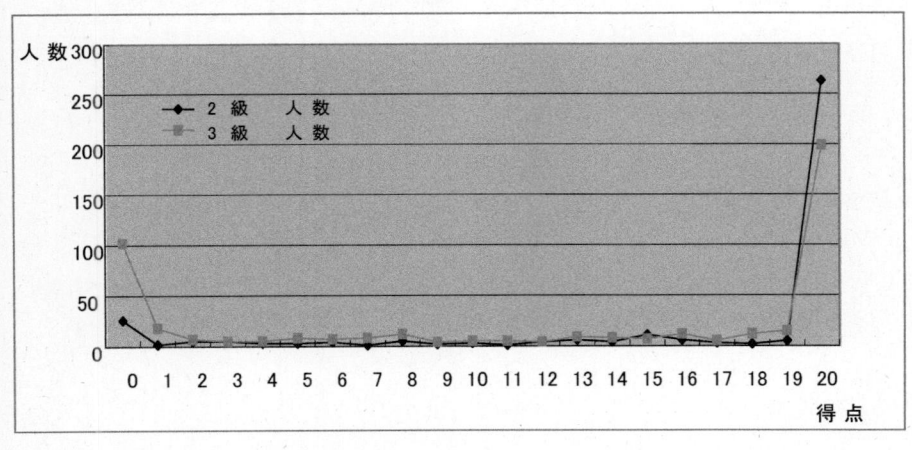

公式テキスト

2冊が書店で発売されています。

「びわ湖検定公式問題解説集」
　http://www.sunrise-pub.co.jp/isbn978-4-88325-351-7/

「続・びわ湖検定公式問題解説集」
　http://www.sunrise-pub.co.jp/isbn978-4-88325-390-6/

編集・発行：びわ湖検定実行委員会
発売：サンライズ出版／A5版
定価：各1,260円（税込）

問題と解答

「第1回びわ湖検定　問題と解答」
　3級80問・2級100問

「第2回びわ湖検定　問題と解答」
　3級80問・2級100問・1級56問

「第3回びわ湖検定　問題と解答」
　3級80問・2級100問・1級53問

「第4回びわ湖検定　問題と解答」
　3級80問・2級100問・1級50問

編集・発行：びわ湖検定実行委員会
　　発売：サンライズ出版／A5版
定価：各630円（税込）

# 3級

問題と解答　80問

---

以下の問いの答え又は、（　）にあてはまるものを①〜④の中から選べ。

1　JR西日本琵琶湖線で「新快速」が停車しないのは、次のうちどれか。
　　①彦根駅　②能登川駅　③安土駅　④石山駅

2　東近江市の永源寺周辺が有名な滋賀県の県木は何か。
　　①桜　②松　③つつじ　④もみじ

3　滋賀県で一番標高が高い山はどれか。
　　①武奈ヶ岳　②金糞岳　③伊吹山　④霊仙山

---

解答と解説の参照先は、次ページ下にあります。

4 びわ湖は滋賀県の約何分の1の面積を占めるか。

　　①3分の1　②4分の1　③6分の1　④8分の1

5 びわ湖が400万年前に誕生したと言われるのは、現在のどの辺りか。
　　①北方の敦賀市　　②東方の大垣市
　　③西方の京都市　　④南方の伊賀市

6 びわ湖の基準水位は海抜約何mか。

　　①80m　②85m　③90m　④95m

7 根来健一郎氏によって1954(昭和29)年に命名された、びわ湖の固有種であるプランクトンの名前はどれか。

　　①ビワクンショウモ　②ホシガタケイソウ
　　③ビワツボカムリ　　④コメツブケイソウ

8 びわ湖の淡水真珠の養殖用の母貝に用いられた、殻長20cmになる二枚貝はどれか。

　　①セタシジミ　②イケチョウガイ　③カワヒバリガイ　④アコヤガイ

---

前ページの解答

1　③　『びわ湖検定公式問題解説集』P.90

2　④　『びわ湖検定公式問題解説集』P.73

3　③　『びわ湖検定公式問題解説集』P.17

9 びわ湖水系の固有種でない魚は次のうちどれか。

　　　①ニゴロブナ　②イサザ　③ギンブナ　④ビワマス

10 びわ湖に生息する(生息していた)魚のうち、外来種は次のうちどれか。

　　　①コウライニゴイ　②イサザ　③イタセンパラ　④ワカサギ

11 外来魚のブルーギルがびわ湖で初めて確認されたのはいつか。
　　　①1930(昭和5)年　②1968(昭和43)年
　　　③1983(昭和58)年　④1990(平成2)年

12 びわ湖の固有種のなかで、最も種の数が多いのはどれか。
　　　①魚類　②貝類　③昆虫類　④爬虫類

13 ドジョウの仲間で6本のひげがあるが、縦に扁平な体型をもち、天然記念物となっている魚はどれか。

　　　①タナゴ　②ハリヨ　③ハス　④アユモドキ

---

前ページの解答

4　③　『びわ湖検定公式問題解説集』P.17

5　④　『びわ湖検定公式問題解説集』P.14

6　②　『びわ湖検定公式問題解説集』P.20

7　①　『びわ湖検定公式問題解説集』P.25

8　②　『続・びわ湖検定公式問題解説集』P.105

14 滋賀県で観察されるトンボのうち、県下に非常に広く分布し、固体数が最も多いのはどれか。

①ノシメトンボ　②オオキトンボ　③グンバイトンボ　④ベッコウトンボ

15 びわ湖と形成要因が同じだとされている湖は、次のうちどれか。

①サロマ湖　②中禅寺湖　③諏訪湖　④浜名湖

16 びわ湖を「近淡海」と呼んだのに対し、「遠淡海」と呼ばれた湖はどれか。

①浜名湖　②宍道湖　③霞ヶ浦　④諏訪湖

17 県内初のビワマスの稚魚の孵化放流事業が河口で行われ、その周辺の水辺景観が県内2番目の重要文化的景観に選定されている川はどれか。

①知内川　②家棟川　③芹川　④米川

18 気象警報や注意報をきめ細かく発表するために滋賀県は6つの区域に分けられているが、区域の名称として使われていないものは次のうちどれか。

①湖東　②湖西　③近江南部　④湖北

| | 前ページの解答 | |
|---|---|---|
| 9 | ③ | 『びわ湖検定公式問題解説集』P.28 |
| 10 | ④ | 『びわ湖検定公式問題解説集』P.32 |
| 11 | ② | 『びわ湖検定公式問題解説集』P.33 |
| 12 | ② | 『びわ湖検定公式問題解説集』P.24 |
| 13 | ④ | 『続・びわ湖検定公式問題解説集』P.21 |

19 滋賀県の地方気象台の所在地はどこか。

①大津市　②彦根市　③長浜市　④甲賀市

20 古くは「都鳥」とも呼ばれ、平安時代の歌物語である『伊勢物語』にも登場する、冬にびわ湖と京都を毎日のように往復する鳥はどれか。

①コハクチョウ　②カルガモ　③カイツブリ　④ユリカモメ

21 1909(明治42)年に米原市北部を震源として発生、岐阜県でも死者を出したことから別名『江濃地震』とも呼ばれた地震をなんというか。

①姉川地震　②伊吹地震　③米原地震　④東浅井地震

22 食味試験制度において、長らく標準米として用いられてきた旧中主町産の米の品種は何か。

①ヒノヒカリ　②日本晴　③コシヒカリ　④ひとめぼれ

23 1869(明治2)年にびわ湖に就航し、1889(明治22)年の東海道線全線開通まで、大量輸送の主役を担っていた蒸気船はどれか。

①びわ湖丸　②みどり丸　③なまず丸　④一番丸

---

前ページの解答

14　①　『びわ湖検定公式問題解説集』P.34
15　③　『続・びわ湖検定公式問題解説集』P.7
16　①　『続・びわ湖検定公式問題解説集』P.7
17　①　『続・びわ湖検定公式問題解説集』P.9
18　②　『続・びわ湖検定公式問題解説集』P.13

24 トンネル工事に竪坑(シャフト)方式を全国で初めて採用して、明治時代に完成した、現在も京都市民の水道用水の供給のために利用されている運河の呼び名はどれか。

①琵琶湖疏水　②蹴上疏水　③長等疏水　④三保ヶ崎疏水

25 琵琶湖総合開発の事業計画の3本柱は、保全対策と利水対策と何だったか。

①環境対策　②水源対策　③治水対策　④外来魚対策

26 水源別にみたとき、滋賀県で工業用水に最も大量に使われている水源はどれか。

①工業用水道　②回収水　③井戸水　④上水道

27 湖の富栄養化によって藍藻類に属するミクロキスティスやアナベナが大量に発生して、湖面が緑色のペンキを流したようにみえる現象を何と呼ぶか。

①アオコ　②リョクコ　③赤潮　④青潮

---

前ページの解答

19　②　『続・びわ湖検定公式問題解説集』P.13

20　④　『びわ湖検定公式問題解説集』P.31

21　①　『続・びわ湖検定公式問題解説集』P.17

22　②　『続・びわ湖検定公式問題解説集』P.100

23　④　『びわ湖検定公式問題解説集』P.107

28 びわ湖で初めて大規模な淡水赤潮が発生したのは何年か。

①1969(昭和44)年　②1977(昭和52)年
③1980(昭和55)年　④1983(昭和58)年

29 湖南中部浄化センターがある人工島の名前は何か。

①粟津晴嵐島　②石山秋月島　③比良暮雪島　④矢橋帰帆島

30 滋賀県で1946(昭和21)年に完成した貯水量450万トンの日本初の農業用コンクリートダムはどれか。

①犬上ダム　②姉川ダム　③日野川ダム　④永源寺ダム

31 琵琶湖水系の貝類の固有種30種のうち、15種類を占める科は何か。

①カワニナ科　②モノアラガイ科　③シジミ科　④ヒラマキガイ科

32 昔、京都にあった池の名前がついている琵琶湖水系固有亜種の二枚貝はどれか。

①オグラヌマガイ　②オウミガイ　③イケチョウガイ　④メンカラスガイ

---

前ページの解答

24　①　『びわ湖検定公式問題解説集』P.101
25　③　『びわ湖検定公式問題解説集』P.102
26　②　『続・びわ湖検定公式問題解説集』P.106
27　①　『びわ湖検定公式問題解説集』P.26

33 十字に交差した棒の先に網を取りつけて水中の魚をすくいとる漁具・漁法を何と呼ぶか。

①四つ手網　②簗　③竪瓶　④筌

34 滋賀県の米は近年は近江米と呼ばれているが、古くは何と呼ばれていたか。

①びわ湖米　②江州米　③滋賀米　④中主米

35 別名「鶴翼山」とも呼ばれ、山頂には豊臣秀次の居城跡と、彼の菩提を弔うため母が建立し、京都から移築された瑞龍寺がある山は、次のうちどれか。

①小谷山　②八幡山　③繖山　④蓬莱山

36 万葉集で「淡海の海 夕波千鳥 汝が鳴けば 情もしのに 古思ほゆ」と言う近江大津宮(大津京)の荒れ果てた宮跡の情景を壮大なスケールで歌いあげた歌人は次のうち誰か。

①紫式部　②在原業平　③大友黒主　④柿本人麻呂

---

| 前ページの解答 | |
|---|---|
| 28 | ② 『びわ湖検定公式問題解説集』P.26・108 |
| 29 | ④ 『びわ湖検定公式問題解説集』P.112 |
| 30 | ① 『続・びわ湖検定公式問題解説集』P.101 |
| 31 | ① 『続・びわ湖検定公式問題解説集』P.24 |
| 32 | ① 『続・びわ湖検定公式問題解説集』P.23 |

37 1600(慶長5)年井伊直政に与えられた佐和山城は誰の居城だったか。
　　①石田三成　②磯野員昌　③丹羽長秀　④堀尾吉晴

38 紫式部が『源氏物語』の着想をしたという伝承にちなんで「源氏の間」がある滋賀県で最も建築年代が古い木造建造物はどれか。
　　①延暦寺　②三井寺　③西教寺　④石山寺本堂

39 旧虎姫町にある、山号・寺号を持たない特殊な寺院で、単に「御坊さん」とよばれている寺は次のうちどれか。
　　①五村別院　②金森御坊　③近松御坊　④長沢御坊

40 「湖東三山」と呼ばれている寺院に含まれていないのは、次のうちどれか。
　　①永源寺　②百済寺　③金剛輪寺　④西明寺

41 大津市の日吉大社では（　）を神の使いとして崇めている。
　　①キツネ　②シカ　③ウシ　④サル

3級

---

前ページの解答

33　①　『続・びわ湖検定公式問題解説集』P.102
34　②　『続・びわ湖検定公式問題解説集』P.100
35　②　『びわ湖検定公式問題解説集』P.69
36　④　『びわ湖検定公式問題解説集』P.39

42 湖北の長浜八幡宮の長浜曳山まつりで、屋台形式の曳山の舞台で演じられることで知られているのは何か。
　①人形歌舞伎　②青年歌舞伎　③おんな歌舞伎　④子ども歌舞伎

43 湖北、賤ヶ岳の戦いで、羽柴秀吉軍に属して活躍した7人の武将を称して『賤ヶ岳七本（　　）』という。
　①弓　②刀　③矢　④槍

44 少年期を人質として織田信長のもとで暮らし、才能を認められその娘をめとった近江の武将は、次のうちだれか。
　①藤堂高虎　②蒲生氏郷　③脇坂安治　④大谷吉継

45 遣隋使として2回隋に渡った人物の墓と伝わる大津市内の古墳で、その前には彼を祀る神社もあるのは誰の墓か。
　①鬼室集斯　②小野毛人　③小野妹子　④鞍作福利

| 前ページの解答 | | |
|---|---|---|
| 37 | ① | 『びわ湖検定公式問題解説集』P.50 |
| 38 | ④ | 『びわ湖検定公式問題解説集』P.54 |
| 39 | ① | 『続・びわ湖検定公式問題解説集』P.54 |
| 40 | ① | 『びわ湖検定公式問題解説集』P.53 |
| 41 | ④ | 『続・びわ湖検定公式問題解説集』P.57 |

46 織田信長が宣教師に贈った「安土城之図屏風」を描いたと考えられている画家は誰か。

①狩野山楽　②狩野永徳　③狩野探幽　④尾形光琳

47 上村松園についで二人目の文化勲章を受章した女性画家は次のうち誰か。

①小倉遊亀　②森寛子　③堀文子　④池田蕉園

48 余呉湖にまつわる有名な伝説は、次のうちどれか。

①人魚伝説　②雪女伝説　③黄金伝説　④羽衣伝説

3級

49 千利休の茶釜を作った鋳物師が出た栗東市辻の井口天神社にある鳥居は次のうちの何でできているか。

①鉄　②金　③銀　④銅

50 びわ湖の最も狭いところに位置する(大津市)堅田には近江八景「堅田の落雁」で知られる何があるか。

①浮御堂　②石山寺　③近江大橋　④におの浜

---

| 前ページの解答 | | |
|---|---|---|
| 42 | ④ | 『びわ湖検定公式問題解説集』P.57 |
| 43 | ④ | 『続・びわ湖検定公式問題解説集』P.44 |
| 44 | ② | 『続・びわ湖検定公式問題解説集』P.39 |
| 45 | ③ | 『続・びわ湖検定公式問題解説集』P.69 |

51 彦根城を借景として望むことのできる全国で唯一の大名庭園は次のうちどれか。

① 旧秀隣寺庭園　　②里坊庭園
③ 玄宮楽々園　　　④居初氏庭園

52 滋賀県で「日本のさくら名所百選」に選ばれている2ヶ所は豊公園（長浜市）とどこか。

①石山寺　②海津大崎　③びわ湖バレイ　④膳所城跡公園

53 大津宮（大津京）は壬申の乱によって何年間で滅んだか。

①5　②8　③12　④22

54 大津は、近江大津宮（大津京）が廃都となると、一時（　）と呼ばれた時期があった。

①小津　②古津　③前津　④先津

---

| 前ページの解答 | | |
|---|---|---|
| 46 | ② | 『続・びわ湖検定公式問題解説集』P.65 |
| 47 | ① | 『続・びわ湖検定公式問題解説集』P.67 |
| 48 | ④ | 『びわ湖検定公式問題解説集』P.41 |
| 49 | ④ | 『続・びわ湖検定公式問題解説集』P.95 |
| 50 | ① | 『びわ湖検定公式問題解説集』P.37 |

55 びわ湖には四つの島があるが、人が居住している島は次のうちどれか。

　①竹生島　②沖島　③多景島　④沖の白石

56 水中で花を咲かせるバイカモ(梅花藻)が見られるので有名な米原市の川は次のうちどれか。

　①天野川　②三津川　③天増川　④地蔵川

57 琵琶湖総合開発事業により、洪水を防ぐ為の湖岸堤及び管理用道路として建設された琵琶湖東岸を岸沿いに走る湖岸道路の愛称はどれか。

　①レインボーロード　②さざなみ街道　③浜街道　④八風街道

3級

58 湖北地域の冬の味覚、ウナギをすき焼き風に調理した料理を地元では「ウナギの(　)」と呼ぶ。

　①しゅんしゅん　②じゅんじゅん　③じゅうじゅう　④ちゅんちゅん

59 東近江市では、愛知川河川敷で巨大な(　)畳敷大凧を揚げる「八日市大凧まつり」が行われている。

　①4　②20　③100　④500

---

前ページの解答

51　③　『びわ湖検定公式問題解説集』P.37
52　②　『びわ湖検定公式問題解説集』P.65
53　①　『続・びわ湖検定公式問題解説集』P.32
54　②　『びわ湖検定公式問題解説集』P.62

60 毎年3月第2土曜日に大津港を中心に行われる「びわ湖開き」では、船上から（　）をびわ湖に投げ入れる儀式がある。

①黄金のコイン　②黄金の鍵　③黄金の仮面　④黄金の斧

61 さざなみ街道沿い、道の駅草津では、草津特産のアオバナの粉を入れたあおばな（　）を販売している。

①ドレッシング　②うどん　③ソフトクリーム　④ジャム

62 滋賀県が選定した「滋賀の食文化財」5点にふくまれないものは次のうちどれか。

①近江牛のしぐれ煮　②丁稚羊羹
③日野菜漬け　　　　④湖魚のなれずし

63 滋賀県の特産であるフナずしは、びわ湖で獲れたフナを塩漬けにし、何と一緒に発酵させた料理か。

①麦　②米　③味噌　④酒


| 前ページの解答 | |
|---|---|
| 55 | ②　『びわ湖検定公式問題解説集』P.66 |
| 56 | ④　『びわ湖検定公式問題解説集』P.72 |
| 57 | ②　『びわ湖検定公式問題解説集』P.92 |
| 58 | ②　『びわ湖検定公式問題解説集』P.81 |
| 59 | ③　『びわ湖検定公式問題解説集』P.77 |

64 江戸時代に善光寺参りをした村人が静岡付近で苗木を手に入れて植えたのが始まりと伝わる長浜市西浅井町で栽培されているミカンは「(　　)みかん」である。

①大浦　②菅浦　③塩津　④沓掛

65 多賀大社の社頭で売られている名物「糸切餅」は、刃物の代わりに何で切るか。

①凧糸　②三味線糸　③釣り糸　④麻糸

66 805(延暦24)年、最澄が唐から種子を持ち帰り、植えたとされる坂本にある日本最古の園は何園か。

①薬草　②茶　③ハーブ　④バラ

67 彦根市鳥居本町にある有川製薬が製造・販売する胃腸薬の名前は何か。

①陀羅尼助丸　②赤玉神教丸　③正露丸　④桂鯉丸

---

前ページの解答

60　②　『びわ湖検定公式問題解説集』P.78
61　③　『続・びわ湖検定公式問題解説集』P.89
62　①　『びわ湖検定公式問題解説集』P.79
63　②　『びわ湖検定公式問題解説集』P.79

68 現在、茶の生産量、栽培面積ともに県内一を誇る茶は次のうちどれか。

　　①土山　②朝宮　③大津　④政所

69 茶人小堀遠州の指導を受けたとも伝わる、鉄釉による光沢のある黒褐色の釉薬が特徴の焼物はどれか。

　　①下田焼　②膳所焼　③八田焼　④湖東焼

70 滋賀県が指定する大津市の伝統工芸品は次のうちどれか。

　　①浜ちりめん　②和ろうそく　③硯　④組紐

71 ヴォーリズとその建築事務所の作品のひとつである滋賀大学の陵水会館の屋根に葺かれている瓦は何瓦か。

　　①スペイン　②オランダ　③イタリア　④フランス

---

前ページの解答

64　②　『続・びわ湖検定公式問題解説集』P.87

65　②　『続・びわ湖検定公式問題解説集』P.88

66　②　『びわ湖検定公式問題解説集』P.83

67　②　『続・びわ湖検定公式問題解説集』P.90

72 長浜市の北国街道と大手門通りが交差する札の辻にあった元銀行の建物を改装して、1989（平成元）年に（　）がオープンした。

①慶雲館　　②まちづくり役場
③黒壁ガラス館　④夢京橋あかり館

73 県選択無形民俗文化財に指定されている人形浄瑠璃の冨田人形が伝承されている市は次のうちどこか。

①大津　②近江八幡　③長浜　④米原

74 木村拓哉主演の映画「武士の一分」の撮影が行われた彦根市内のロケ地は次のうちどれか。

①彦根城天守　②太鼓門櫓　③埋木舎　④玄宮楽々園

75 大津市北小松にある滝で、山に白い布をかけたように見えることから『白布の滝』『布引の滝』と呼ばれる、JR西日本湖西線の電車の中からも見る事ができる全体の落差76mの滝はどれか。

①楊梅の滝　②八ツ淵の滝　③鶏鳴の滝　④九品の滝

---

前ページの解答

68　①　『びわ湖検定公式問題解説集』P.83
69　②　『続・びわ湖検定公式問題解説集』P.94
70　④　『びわ湖検定公式問題解説集』P.84
71　①　『続・びわ湖検定公式問題解説集』P.72

76 彦根城の表門橋に向かう中濠の道沿いにある、土佐(高知県)から移植された松並木は(　)松と呼ばれる。
　　①美し　②あおい　③ひこね　④いろは

77 びわ湖に架かる橋には、琵琶湖大橋と近江大橋の二つがあるが、近江大橋の東詰(東岸)の住所地にあたる自治体名は次のうちどれか。
　　①野洲市　②守山市　③草津市　④大津市

78 近江商人が地域ごとに主に扱った産物と地域の組み合わせで違うものはどれか。
　　①蚊帳　　＝八幡商人(近江八幡市)
　　②畳表　　＝八幡商人(近江八幡市)
　　③薬　　　＝日野商人(蒲生郡)
　　④呉服　　＝五個荘商人(東近江市)

79 近江八幡市友定町の交差点で国道8号と別れる国道421号の別名は次のうちどれか。
　　①浜街道　②八風街道　③鯖街道　④さざなみ街道

---

前ページの解答

72　③　『びわ湖検定公式問題解説集』P.71

73　③　『びわ湖検定公式問題解説集』P.61

74　③　『びわ湖検定公式問題解説集』P.76

75　①　『続・びわ湖検定公式問題解説集』P.77

80 全長が日本一長いケーブルカーが設置されている山は次のうちどれか。
①比叡山　②蓬莱山　③八幡山　④伊吹山

前ページの解答

| 76 | ④ | 『続・びわ湖検定公式問題解説集』P.80 |
| 77 | ③ | 『びわ湖検定公式問題解説集』P.91 |
| 78 | ③ | 『びわ湖検定公式問題解説集』P.88 |
| 79 | ② | 『びわ湖検定公式問題解説集』P.92 |

前ページの解答

80 ① 『びわ湖検定公式問題解説集』P.69

# 2級

問題と解答　100問

---

以下の問いの答え又は、（　）にあてはまるものを①〜④の中から選べ。
（ 1 ～ 95 ）

**1** びわ湖のおいたちは何年前までさかのぼることができるか。

　　　①4000年前　　②4万年前　　③40万年前　　④400万年前

**2** びわ湖の湖岸線の長さは、約（　　　）kmである。

　　　①165　　②200　　③235　　④270

**3** びわ湖の面積は約何km²（平方キロメートル）か。

　　　①570　　②670　　③770　　④870

---

解答と解説の参照先は、次ページの下にあります。

4 びわ湖周辺に分布している内湖は、1940（昭和15）年には面積の合計で約29㎢（平方キロメートル）あったが、現在では約（　　）㎢（平方キロメートル）にまで減少している。

　　　　①20　②15　③8　④4

5 びわ湖の水は水道用水として、南は大阪府岬町から西は（　　）市まで広く利用されている。

　　　　①神戸　②芦屋　③西宮　④尼崎

6 1984（昭和59）年に滋賀県の提唱で始まった、湖沼の環境問題の解決について話し合う国際会議の現在の名前はどれか。

　　　　①世界水フォーラム　　②世界湖沼サミット
　　　　③世界陸水会議　　　　④世界湖沼会議

7 びわ湖の淡水真珠の養殖用の母貝に用いられた、殻長20cmになる二枚貝はどれか。

　　　　①セタシジミ　②イケチョウガイ　③カワヒバリガイ　④アコヤガイ

| 前ページの解答 | | |
| --- | --- | --- |
| 1 | ④ | 『びわ湖検定公式問題解説集』P.14 |
| 2 | ③ | 『びわ湖検定公式問題解説集』P.6 |
| 3 | ② | 『びわ湖検定公式問題解説集』P.16 |

8 びわ湖水系の固有種の魚のうち絶滅危惧IA種（環境省）に指定されているのは次のうちどれか。

　　①ビワコオオナマズ　②ギンブナ　③イサザ　④ビワマス

9 水草を食べる珍しい魚で、浅い水深を好むびわ湖の固有種はどれか。

　　①イサザ　②ビワマス　③ワタカ　④ハス

10 びわ湖水系のみに生息し、二枚貝に産卵する習性のある魚は次のうちどれか。

　　①ビワマス　②ニゴロブナ　③アブラヒガイ　④イサザ

11 日中は深湖底にいるが、夜間にはエサを求めて表層近くまで浮上する、びわ湖固有種の魚はどれか。

　　①イサザ　②ギギ　③ビワマス　④イワトコナマズ

12 滋賀県県営の醒井養鱒場は、当初、（　　）の人工孵化や繁殖・放流を目的として1878（明治11）年につくられた。

　　①ビワマス　②ホンモロコ　③ニジマス　④アユ

---

前ページの解答

4　④　『びわ湖検定公式問題解説集』P.19
5　①　『びわ湖検定公式問題解説集』P.100
6　④　『びわ湖検定公式問題解説集』P.110
7　②　『続・びわ湖検定公式問題解説集』P.105

13 びわ湖と形成要因が同じだとされている湖は、次のうちどれか。

　　　①サロマ湖　②中禅寺湖　③諏訪湖　④浜名湖

14 滋賀県に源をもち、伊勢湾に注ぐ唯一の川はどれか。

　　　①藤古川　②寒風川　③河合川　④北川

15 米原市を流れる川で、季節には多くのゲンジボタルが舞い、「長岡のゲンジボタル及びその発生地」として中流域が国の特別天然記念物に指定されている川はどれか。

　　　①三津川　②天野川　③地蔵川　④天増川

16 天気予報において滋賀県は「北部」と「南部」を分けられているが、びわ湖東岸において「南部」の最も北に位置する市はどこか。

　　　①野洲市　②近江八幡市　③東近江市　④彦根市

17 全国で伊吹山山頂にだけ分布し、7～8月、花穂に青紫色の花が密につく多年草はどれか。

　　　①キンバイソウ　②イブキフウロ　③ルリトラノオ　④イブキカモジグサ

---

| 前ページの解答 | | |
|---|---|---|
| 8 | ③ | 『びわ湖検定公式問題解説集』 P.28 |
| 9 | ③ | 『びわ湖検定公式問題解説集』 P.29 |
| 10 | ③ | 『びわ湖検定公式問題解説集』 P.28 |
| 11 | ① | 『びわ湖検定公式問題解説集』 P.28 |
| 12 | ① | 『続・びわ湖検定公式問題解説集』 P.105 |

18 びわ湖が日本の越冬地の南限となる水鳥は次のうちどれか。

①オオヒシクイ　②カワウ　③カイツブリ　④オオバン

19 びわ湖流域において記録に残る過去最大の洪水は1896(明治29)年9月の大洪水である。このとき彦根では10日間(9月3日から12日)で(　)mmの雨量を記録した。

①572　②1008　③1493　④2119

20 びわ湖における生活環境に関する環境基準項目となっているCODの意味はどれか。

①化学的酸素要求量　②透明度　③全有機炭素量　④溶存酸素量

21 あいとうエコプラザ『菜の花館』には、バイオディーゼル燃料を精製するプラントと菜種から油を搾るプラント、それ以外にもう一つ、(　)するプラントがある。

①籾殻を燃やして炭化　　②外来魚を肥料に
③プラスチックをリサイクル　　④ガラスをリサイクル

---

前ページの解答

13　③　『続・びわ湖検定公式問題解説集』P.7
14　①　『続・びわ湖検定公式問題解説集』P.8
15　②　『びわ湖検定公式問題解説集』P.72
16　③　『続・びわ湖検定公式問題解説集』P.13
17　③　『続・びわ湖検定公式問題解説集』P.18

22 滋賀県内の森林から伐採された木材や、その木材を使用して県内の施設で加工された木製品であることが証明された木材（品）のことを（　）と呼ぶ。

　　①滋賀木材　②びわ湖材　③おうみ材　④ヨシ材

23 滋賀県の教育事業「びわ湖フローティングスクール」で使用されている学習船「うみのこ」とほぼ同じサイズの県内の船舶は、次のうちどれか。

　　①ビアンカ　②一番丸　③megumi　④掃部丸

24 1977（昭和52）年のびわ湖での淡水赤潮の大発生を契機に、いわゆる石けん運動が全県的に展開され、その結果、赤潮発生の原因の一つであった（　）を含む家庭用合成洗剤の滋賀県内における販売、使用、贈答が禁止された。

　　①リン　②マグネシウム　③カルシウム　④カリウム

25 びわ湖の水位は現在、5地点の水位の平均値で表すことになっているが、5地点とは片山（長浜市）、彦根（彦根市）、大溝（高島市）、三保ヶ崎（大津市）とどこか。

　　①近江舞子　②堅田　③浜大津　④粟津

---

前ページの解答

18　①　『びわ湖検定公式問題解説集』　P.30
19　②　『びわ湖検定公式問題解説集』　P.95
20　①　『びわ湖検定公式問題解説集』　P.99
21　①　『続・びわ湖検定公式問題解説集』　P.107

26 1997(平成9)年の滋賀県の調べによると、滋賀県の農業用水の水源の割合は、河川が約(ア)、びわ湖が(イ)である。

①ア:30% イ:50%　②ア:40% イ:40%
③ア:50% イ:30%　④ア:60% イ:20%

27 びわ湖北湖では、夏になると表層の水が温かくなり、30℃近くまで水温があがるのに対して、深層では7～8℃のままである。温水は冷水より密度が小さいため、表層と深層の水が混ざりにくくなる。これを(　　)と呼ぶ。

①上下成層　②高低成層　③温冷成層　④水温成層

28 びわ湖の水位の零点高(基準水位)は東京湾の中等潮位から(　　)mと定められている。

①+80.164　②+84.371　③+90.418　④+95.249

29 びわ湖が1993(平成5)年に登録され、2008(平成20)年には西の湖が拡大登録されたラムサール条約の正式名称は「特に(　　)として国際的に重要な湿地に関する条約」である。

①魚の産卵地　②水草の群生地　③水鳥の生息地　④昆虫の生息地

---

前ページの解答

22　②　『びわ湖検定公式問題解説集』P.104
23　①　『びわ湖検定公式問題解説集』P.115
24　①　『びわ湖検定公式問題解説集』P.108
25　②　『びわ湖検定公式問題解説集』P.20

30 箱館山周辺の水田を干ばつから守るために1925(大正14)年に完成した人工湖はどれか。

①淡海湖　②布施溜池　③西池　④余呉湖

31 江戸時代、余呉川の水をびわ湖に逃すために掘られた、全長約220mの排水トンネルはどれか。

①西野水道　②片山水道　③賤ヶ岳水道　④余呉湖水道

32 1885(明治18)年から工事が始まり、約5年の歳月をかけて完成した「琵琶湖第一疏水」の長さはどれか。

①11.1 km　②22.2 km　③33.3 km　④44.4 km

33 春に接岸したコアユを狙った漁法のひとつである追いさで網漁では、(　)の羽根が取り付けられたオイボウが使われる。

①サギ　②カラス　③カワウ　④タカ

34 びわ湖の最も深いところの水深はおよそ何mか。

①50m　②70m　③100m　④130m

| 前ページの解答 | | |
| --- | --- | --- |
| 26 | ③ | 『びわ湖検定公式問題解説集』P.103 |
| 27 | ④ | 『びわ湖検定公式問題解説集』P.22 |
| 28 | ② | 『びわ湖検定公式問題解説集』P.20 |
| 29 | ③ | 『びわ湖検定公式問題解説集』P.113 |

35 放流用に生きたまま他県へ出荷されるコアユの稚魚を何というか。

　　①鮎種　　②鮎苗　　③鮎卵　　④鮎華

36 目から尾まで通った黒く太い筋が特徴で、頭を下に直立して、石の間や底にあるエサをつついて食べる習性のある魚はどれか。

　　①ムギツク　　②ゼゼラ　　③オイカワ　　④ギギ

37 びわ湖における水の流れはどういう形であるか。

　　①北から南への直接的な流れ　　　②渦巻き(環流)の形で一つ
　　③渦巻きの形で二つ　　　　　　　④渦巻きの形で三つ

38 殻が薄く半透明で右巻き、螺塔がわずかしかなく、先端がまったく尖らない琵琶湖水系固有種の巻貝はどれか。

　　①オウミガイ　　②エビスガイ　　③タニシ　　④ビワガイ

39 日本の羽衣伝説の伝承地のある長浜市余呉町にある余呉湖の周囲は何kmか。

　　①6.4 km　　②10 km　　③14.8 km　　④30 km

---

前ページの解答

30　①　『続・びわ湖検定公式問題解説集』P.101
31　①　『続・びわ湖検定公式問題解説集』P.74
32　①　『びわ湖検定公式問題解説集』P.101
33　②　『びわ湖検定公式問題解説集』P.105
34　③　『びわ湖検定公式問題解説集』P.6

40 山頂付近に観音正寺と観音寺城跡があり、山頂からは西方にびわ湖を望め、手前には西の湖と大中の湖干拓地が広がる山は、次のうちどれか。

①賤ヶ岳　②小谷山　③繖山　④八幡山

41 山の名前が和歌の歌枕となり、山頂にある竜王宮では、毎年7月10日に雨乞い踊りが奉納される山はどれか。

①金勝山　②田上山　③八幡山　④鏡山

42 主要地方道26号大津守山近江八幡線の別名は次のうちどれか。

①浜街道　②八風街道　③さざなみ街道　④レインボーロード

43 近江の門人も多かった松尾芭蕉の県内に建立されている句碑は何基余りか。

①60　②70　③80　④90

44 滋賀県に所在する多数の十一面観音像のうち、「日本最大の坐仏観音像」はどれか。

①石道寺像（長浜市）　②円満寺像（近江八幡市）
③櫟野寺像（甲賀市）　④盛安寺像（大津市）

---

| 前ページの解答 | |
|---|---|
| 35 | ②『続・びわ湖検定公式問題解説集』P.105 |
| 36 | ①『続・びわ湖検定公式問題解説集』P.22 |
| 37 | ④『びわ湖検定公式問題解説集』P.21 |
| 38 | ①『続・びわ湖検定公式問題解説集』P.24 |
| 39 | ①『びわ湖検定公式問題解説集』P.41 |

45 びわ湖の内湖としては最大で、諏訪湖とほぼ同じ面積だった（　）では、干拓された際、竪穴住居跡と大規模な水田跡が見つかった。

①津田内湖　②早崎内湖　③大中の湖　④西の湖

46 関ヶ原の合戦の後、井伊直政が徳川家康から与えられ、城主になった城は次のうちどれか。

①八幡城　②彦根城　③長浜城　④佐和山城

47 1842（天宝13）年10月、甲賀・野洲両郡の農民らが中心となって起こした「近江天保一揆」は次のうちどこで蜂起したか。

①矢川神社　②飯道神社　③檜尾神社　④兵主神社

48 天台宗の寺院でないものはどれか。

①百済寺　②長寿寺　③金剛輪寺　④永源寺

49 滋賀県内にある西国三十三所巡礼札所寺院の中で竹生島にあるものはどこか。

①正法寺（岩間寺）　②観音正寺　③宝厳寺　④長命寺

---

前ページの解答

40　③　『びわ湖検定公式問題解説集』P.68
41　④　『続・びわ湖検定公式問題解説集』P.12
42　①　『びわ湖検定公式問題解説集』P.92
43　④　『続・びわ湖検定公式問題解説集』P.61
44　③　『びわ湖検定公式問題解説集』P.40

50 寺院建築にはまれな権現造で、甲良大工が建てた極彩色の建築であることから「彦根日光」とも呼ばれる寺院はどれか。

①福田寺　②仏心寺　③赤後寺　④大洞弁財天

51 別名『太郎坊宮』『太郎坊さん』と呼ばれ、本殿前の夫婦岩では悪い心の持主や嘘つきが通れば挟まれると伝えられる神社はどれか。

①総社神社　②白髭神社　③阿賀神社　④建部神社

52 大津祭で毎年巡行の先頭を務める曳山『西行桜狸山』は（　　）町である。

①玉屋町　②猟師町　③鍛冶屋　④丸屋町

53 日吉大社の日吉山王祭では、祭礼が無事終了したことに感謝する（　　）が行われる。

①亥の神事　②虎の神事　③未の神事　④酉の神事

54 浮御堂がある堅田には、江戸中期の作庭と伝えられ、対岸の三上山を借景とした天然図画亭という茶室を有する（　　）がある。

①旧秀隣寺庭園　②居初氏庭園　③延暦寺里坊庭園　④玄宮楽々園

| 前ページの解答 | |
|---|---|
| 45 | ③『びわ湖検定公式問題解説集』P.7・19　『続・びわ湖検定公式問題解説集』P.29 |
| 46 | ④『びわ湖検定公式問題解説集』P.50 |
| 47 | ①『びわ湖検定公式問題解説集』P.51 |
| 48 | ④『びわ湖検定公式問題解説集』P.53 |
| 49 | ③『びわ湖検定公式問題解説集』P.56 |

55 室町時代後期から安土桃山時代、甲賀市の代表的な山城のひとつで、城主は六角氏ついで足利将軍に仕えた後、織田信長のもとでも有力な武将となった。その甲賀市の代表的な山城はどれか。

①山本山城　②清水山城　③鎌刃城　④和田城

56 日野町の近江日野商人館のもととなった屋敷を建てた近江商人は誰か。

①川路重平　　　　②小林吟右衛門

③藤野喜兵衛喜昌　④山中兵右衛門

57 中国の瀟（しょう）湘八景にちなんで選ばれた近江八景が、江戸時代に広く知られるようになったのは、（　　）作の浮世絵版画によってである。

①安藤広重　②葛飾北斎　③東洲斎写楽　④喜多川歌麿

58 5代天台座主で、園城寺を再興して天台別院とした人物は誰か。

①円珍　②円澄　③円斎　④円仁

---

前ページの解答

50　④　『続・びわ湖検定公式問題解説集』P.52
51　③　『続・びわ湖検定公式問題解説集』P.50
52　③　『びわ湖検定公式問題解説集』P.59
53　④　『びわ湖検定公式問題解説集』P.58
54　②　『びわ湖検定公式問題解説集』P.37

59 蓮華寺（米原市）を訪ね、「このみ寺に仲時の軍やぶれ来て　腹きりたりと聞けばかなしも」などの作品を残した作者は次のうちだれか。

①与謝野鉄幹　②斎藤茂吉　③北村季吟　④宮沢賢治

60 建造当時、眼前のびわ湖にヨシが群生していたことが名前の由来にもなった蘆花浅水荘は、京都画壇で活躍した日本画家（　　）の別荘庭園である。

①山元春挙　②岸竹堂　③野口健蔵　④小倉遊亀

61 俵藤太こと藤原秀郷は、竜王の化身の大蛇に頼まれ、（　　）にすむムカデを退治したという伝説をもつ。

①瀬田の唐橋　②逢坂山　③琴ヶ浜　④三上山

62 2006（平成18）年1月26日に我が国第1号の重要文化的景観に選定されたのは次のうちどれか。

①近江八幡の水郷　②日吉三橋
③瀬田の夕照　　　④矢橋の帰帆島

---

| 前ページの解答 | | |
|---|---|---|
| 55 | ④ | 『続・びわ湖検定公式問題解説集』P.42 |
| 56 | ④ | 『続・びわ湖検定公式問題解説集』P.46 |
| 57 | ① | 『びわ湖検定公式問題解説集』P.36 |
| 58 | ① | 『続・びわ湖検定公式問題解説集』P.34 |

63 びわ湖には四つの島があるが、午前中は黒色に見える岩が、日が西に傾くにしたがって次第に「白色に変ずるがゆえに白石の名あり」と言われた沖の白石は、どの自治体に属するか。

①彦根市　②長浜市　③高島市　④近江八幡市

64 近江商人の家に生まれた外村繁の著作のうち、太宰治の作品「逆行」などとともに、第1回芥川賞候補となった作品は次のうちどれか。

①鵜の物語　②草筏　③夢幻泡影　④蒼氓

65 織田信長が中国の古典をもとに名づけたともいわれる近江の地名はどれか。

①八幡　②長浜　③坂本　④安土

66 湖東三山に並び、湖南三山と総称されるのは『常楽寺』、『長寿寺』とどこか。

①善水寺　②真明寺　③西応寺　④妙感寺

67 大津宮（大津京）は壬申の乱によって何年間で滅んだか。

①5　②8　③12　④22

前ページの解答

59　②　『続・びわ湖検定公式問題解説集』P.60
60　①　『続・びわ湖検定公式問題解説集』P.67
61　④　『続・びわ湖検定公式問題解説集』P.49
62　①　『びわ湖検定公式問題解説集』P.38

68 別名「鶴翼山」とも呼ばれ、山頂には豊臣秀次の居城跡と、彼の菩提を弔うため母が建立し、京都から移築された瑞龍寺がある山は、次のうちどれか。

①小谷山　②八幡山　③繖山　④蓬莱山

69 織田信長が宣教師に贈った「安土城之図屏風」を描いたと考えられている画家は誰か。

①狩野山楽　②狩野永徳　③狩野探幽　④尾形光琳

70 「琵琶湖周航の歌」の歌いだしの歌詞は「♪われは湖の子　さすらいの（　　）にしあれば…♪」である。

①山　②湖　③夢　④旅

71 滋賀農業公園ブルーメの丘のカタカナ部分は何語でどういう意味か。

①フィンランド語で「湖岸」　②スウェーデン語で「手工芸」

③ドイツ語で「花」　　　　　④フランス語で「村にて」

72 JR西日本琵琶湖線で「新快速」が停車しないのは、次のうちどれか。

①彦根駅　②能登川駅　③栗東駅　④石山駅

---

前ページの解答

63　③　『びわ湖検定公式問題解説集』P.66
64　②　『続・びわ湖検定公式問題解説集』P.64
65　④　『びわ湖検定公式問題解説集』P.62
66　①　『びわ湖検定公式問題解説集』P.53
67　①　『続・びわ湖検定公式問題解説集』P.32

73 明治以降、県内に初めて建設された公園である長等公園(大津市)には、(　)が詠んだ「さざなみや志賀の都は荒れにしを　昔ながらの山桜かな」の歌碑が立っている。

　　①柿本人麻呂　②在原業平　③平忠度　④藤原為家

74 高島市では江戸時代末期から(　)を用いた『高島縮』が織られ、製造ピークには国内肌着の生地の約5割が高島産だった。

　　①シルク　②麻　③木綿　④レーヨン

75 フナずしで代表される魚を塩漬けにし、米とともに発酵させた湖魚のなれずしに使わない魚はどれか。

　　①ゴリ　②ハス　③鮎　④ウグイ

76 「糸切餅」は、元寇の退散を祈願した返礼として鎌倉幕府から多賀大社に敵船の一部が奉納された故事にちなみ、元軍の船印を模して、白地に(　)の3本線の模様となったと伝えられている。

　　①黄と緑　②赤と緑　③青と赤　④黄と青

---

前ページの解答

68　②　『びわ湖検定公式問題解説集』　P.69
69　②　『続・びわ湖検定公式問題解説集』　P.65
70　④　『びわ湖検定公式問題解説集』　P.42
71　③　『続・びわ湖検定公式問題解説集』　P.82
72　③　『びわ湖検定公式問題解説集』　P.90

77 滋賀県が選定した「滋賀の食文化財」5点のうち、アメノイオ御飯の「アメノイオ」とは何か。

①ナマズ　②ビワマス　③ホンモロコ　④コアユ

78 江戸時代、彦根藩では、牛肉の（　　）が「養老の秘薬」として珍重され、幕府に献上していたが、13代藩主直弼の時にこの献上は中止された。

①しぐれ煮　②煮込み　③味噌漬け　④たたき

79 滋賀県で初めて西洋式のスキーが行われたのは（　　）である。

①比良山　②箱館山　③余呉高原　④伊吹山

80 寛永年間頃から残る国の重要文化財である『ぜさいや』で製造・販売され、徳川家康が「和中散」と名付けた薬は何に効く薬か。

①歯痛　②頭痛　③腰痛　④腹痛

81 日本六古窯のひとつ、狸の置物で有名な信楽焼はいつ頃から生産が始まったか。

①平安時代　②鎌倉時代　③室町時代　④安土桃山時代

---

前ページの解答

73　③『続・びわ湖検定公式問題解説集』P.81
74　③『続・びわ湖検定公式問題解説集』P.91
75　①『びわ湖検定公式問題解説集』P.79
76　③『続・びわ湖検定公式問題解説集』P.88

82 敷地内に内湖の水質浄化のための設備もある道の駅は次のうちどれか。

①道の駅　竜王かがみの里　②道の駅　草津（グリーンプラザからすま）
③道の駅　しんあさひ風車村　④道の駅　湖北みずどりステーション

83 滋賀県内の観光・学習施設にはもともと存在した建物を改修したものが多い。愛荘町の「手おりの里金剛苑」の織物資料館は、旧（　　）だった建物である。

①駅　②警察署　③役場　④学校

84 1891（明治24）年に琵琶湖の観光に来たギリシャ王子が、滋賀県庁で気に入って献上され、その後ヨーロッパで大人気を博した竹根鞭製ステッキはどこ産のものか。

①草津　②伊賀　③堅田　④甲賀

85 長浜市木之本では、生糸を用いた（　　）糸の製造技術が伝承されており、楽器の音色を決める最も重要な撚りの作業で、独楽撚りという工法が受け継がれ、邦楽器原糸製造の国選定保存技術となっている。

①琵琶　②琴　③月琴　④三味線

---

前ページの解答

77　②　『びわ湖検定公式問題解説集』P.79
78　③　『びわ湖検定公式問題解説集』P.82
79　④　『びわ湖検定公式問題解説集』P.70
80　④　『続・びわ湖検定公式問題解説集』P.90
81　②　『びわ湖検定公式問題解説集』P.87

86 高島市阿弥陀山周辺で採取される粘板岩は、別名（　　）と言われ、これを用いて江戸時代から作られるようになった硯は、最上級品として知られている。

　　　①紅渓石　②赤間石　③雄勝石　④虎斑石

87 滋賀県で札の辻（禁令や法規を記した高札を掲げた辻）と呼ばれないところはどこか。

　　　①彦根市（銀座町交差点）
　　　②大津市（京阪京津線上栄町駅付近）
　　　③長浜市（北国街道と大手門通りの交差点）
　　　④東近江市（旧八日市市の八風街道沿い）

88 仲間由紀恵主演の映画「大奥」の撮影が行われたロケ地はどこか。

　　　①彦根城天守　②玄宮園　③埋木舎　④八幡堀

89 日野売薬の始まりとなった「万病感応丸」は誰が製造・販売を始めたか。

　　　①藤原銕造　②津田是斎　③正野玄三　④久右衛門重好

---

前ページの解答

82　③　『びわ湖検定公式問題解説集』P.74
83　③　『びわ湖検定公式問題解説集』P.75
84　①　『びわ湖検定公式問題解説集』P.52
85　④　『続・びわ湖検定公式問題解説集』P.93

90 江戸時代初期から始まったとされる大津絵の画題は仏画が多く、のち藤娘は良縁に、鬼の念仏は子どもの（　　）に効くといった護符に用いられるようになった。

①うそつき　　②夜泣き　　③ないものねだり　　④甘えぐせ

91 多賀町河内にある「河内の風穴」は、総延長3323mで、関西最大の規模を誇る（　　）である。

①石灰洞　　②花崗岩洞　　③砂岩洞　　④流紋岩洞

92 総社神社（甲賀市）は、御所車を引く牛のエサ用の麦が古くから栽培され、日本の（　　）発祥の地といわれている。

①麦茶　　②パン　　③ビール　　④うどん

93 滋賀県で「日本の都市公園百選」に選ばれたのは、湖岸緑地公園と次のうちどこか。

①金亀公園　　②長等公園　　③豊公園　　④皇子ヶ丘公園

94 滋賀県で「日本のさくら名所百選」に選ばれている2ヶ所は豊公園（長浜市）とどこか。

①石山寺　　②海津大崎　　③びわ湖バレイ　　④膳所城跡公園

---

前ページの解答

86　④　『びわ湖検定公式問題解説集』　P.84
87　①　『びわ湖検定公式問題解説集』　P.71
88　②　『びわ湖検定公式問題解説集』　P.76
89　③　『続・びわ湖検定公式問題解説集』　P.90

95 東近江市では、愛知川河川敷で巨大な(　　　)畳敷大凧を揚げる「八日市大凧まつり」が行われている。

　　①4　②20　③100　④500

96 次の文は、「近江商人」に関する記述である。正しいものを①〜④の中から一つ選べ。

　①八幡商人は、長浜城下から移住させられた商人たちが商業活動を行ったものとされている。

　②日野商人の主力商品は、日野椀と呼ばれる漆器で、会津塗りのもとになった。

　③五個荘商人は、蚊帳や畳表を主に商い、浜蚊帳の名で長浜産のものも広く知られた。

　④高島商人は、呉服・太物を主に商い、明治以降までずっと繊維関係の卸商として活躍した。

---

前ページの解答

90　②『続・びわ湖検定公式問題解説集』P.92
91　①『びわ湖検定公式問題解説集』P.109
92　③『続・びわ湖検定公式問題解説集』P.51
93　①『続・びわ湖検定公式問題解説集』P.81
94　②『びわ湖検定公式問題解説集』P.65

97 次の文は、「びわ湖のプランクトン」に関する記述である。誤っているものを①～④の中から一つ選べ。

①ホシガタケイソウは、4個か8個の棒状の細胞がくっついて星形の群体をつくる。
②コメツブケイソウは、群体をつくらずに石や水草に付着する。
③ビワクンショウモは、川村多実二氏によって1954(昭和29)年に命名された、びわ湖の固有種である。
④ビワツボカムリは、中央が膨らんだ細長いラッパ形の殻をもつ、アメーバ状生物である。

98 次の文は、「びわ湖の渇水」に関する記述である。誤っているものを①～④の中から一つ選べ。

①1992(平成4)年以降で、水位が-90cm以下に低下した年は2回である。
②水位低下により、水草が大量に繁茂することがある。
③水位低下により、アオコが多く発生することがある。
④びわ湖の水位の観測史上最低記録は、-123cmである。

前ページの解答

95 ③ 『びわ湖検定公式問題解説集』 P.77
96 ② 『びわ湖検定公式問題解説集』 P.88

99 次の文は、「滋賀県の特産野菜・果物の組み合わせ」に関する記述である。誤っているものを①～④の中から一つ選べ。

　　　①湖南市・下田なす　　　②安土町・豊浦ねぎ

　　　③西浅井町・菅浦みかん　④米原市・西村早生

100 次の文は、「長浜市高月町の東阿閉公民館の外観」に関する記述である。誤っているものを①～④の中から一つ選べ。

　　　①鉄筋コンクリート造　②ゴシック様式の塔

　　　③3階建て　　　　　　④洋館と和館の融合

| 前ページの解答 | |
| --- | --- |
| 97 | ③『びわ湖検定公式問題解説集』 P.25 |
| 98 | ①『びわ湖検定公式問題解説集』 P.97 |

前ページの解答

| 99 | ④『続・びわ湖検定公式問題解説集』P.87 |
| 100 | ④『続・びわ湖検定公式問題解説集』P.71 |

# １級

問題と解答　48問

1 以下の文の(ア)～(オ)に適当な整数を入れよ。

びわ湖は、滋賀県の約( ア )分の 1 の面積を占めるわが国最大の湖である。びわ湖大橋付近を境に、広くて深い北の「北湖」と狭くて浅い南の「南湖」に分けることができ、面積では、北湖と南湖の比が約( イ ):1、平均水深は、全体では約( ウ )m であるが、北湖が約43mであるのに対して南湖は約4mである。このため、びわ湖全体の貯水量約( エ )億㎥（立方メートル）のうち、北湖の貯水量が 99％以上を占める。また、その水は、近畿約( オ )万人の水道水源として利用されている。

2 次の問いに答えよ。

びわ湖には、沖の白石の他に、次に述べる三つの島がある。それぞれの島の名前を答えなさい。
　(1) 日本では唯一、湖沼の中にあり、人が住んでいる島である。
　(2) 島にある寺は西国三十三所観音霊場の第 30 番札所となっており、弁財天が祀られている。
　(3) 彦根市の沖合に浮かぶ断崖絶壁の島である。

解答と解説の参照先は、次ページの下にあります。

3 以下の文の(ア)と(イ)に適当な語句を入れよ。

　第三次滋賀県環境総合計画は、持続可能な滋賀社会の実現を図るために、次の二つの長期目標を揚げている。

　（ア）の実現：2030（平成42）年における滋賀県の温室効果ガス排出量の50％削減（1990（平成2）年比）を目指します。

　（イ）の再生：びわ湖流域および周辺で健全な生態系と、安全・安心な水環境を確保し、遊・食・住などの人の暮らしとびわ湖の関わりを再生することを目指します。

---

前ページの解答

1 （ア）6
　（イ）11（10も可）
　（ウ）41（40も可）
　（エ）275（280も可）
　（オ）1450（1400も可）

『びわ湖検定公式問題解説集』P.6、P.17、P.100
『滋賀の環境2012』P.10、P.66

びわ湖の面積は約670km²（平方キロメートル）で、県土の総面積4017km²（平方キロメートル）の約6分の1を占めており、そのうち、北湖は約618km²（平方キロメートル）、南湖は約53km²（平方キロメートル）で、その比率は約11:1となります。また、平均水深は全体では約41mですが、北湖が約43mであるのに対して南湖は約4mしかありません。また、びわ湖の貯水量は約275億m³（立方メートル）（北湖273億m³（立方メートル）、南湖2億m³（立方メートル））で、滋賀県をはじめ京都府、大阪府、兵庫県の近畿約1450万人の水道水源になっています。（2008（平成20）年のびわ湖からの給水人口は14,535,508人。）

2 (1)沖島　(2)竹生島　(3)多景島

『びわ湖検定公式問題解説集』P.66

(1)沖島　近江八幡市からびわ湖の沖合約1.5kmにある、日本で唯一の湖沼の有人島（周囲6.8km、面積1.53km²（平方キロメートル））です。現在約400人が住んでおり、島民の大半は漁業関連の仕事に従事しています。

(2)竹生島　長浜市の沖合6kmにあり、西国三十三所観音霊場第30番札所の宝厳寺があることから、毎年多くの観光客が訪れています。観音堂は重要文化財、入り口の唐門は国宝に指定され、本尊の弁財天は日本三弁財天の一つです。

(3)多景島　彦根市の沖合約5kmに浮かぶ周囲600mの小さな島です。島全体が断崖絶壁で、岩の上に松や竹が生い茂り風致に富んでおり、島内には日蓮宗の見塔寺があります。

4 次の問いに答えよ。
　びわ湖は豊かな水量と変化に富む環境を持ち、長い歴史を有することなどから、その水系には、プランクトン4種、底生動物39種、魚類16種、水草2種、寄生動物1種の計62種の固有種が確認されている。その中から、底生動物と魚類の固有種について、名前を2つずつ挙げなさい。

5 次の問いに答えよ。
　次の図は、びわ湖の漁獲量とその内訳（魚類、貝類、エビ類）の推移を示したものである。凡例1から3は棒グラフのそれぞれ上段と中段、下段を指している。凡例1から3がそれぞれ、魚類、貝類、エビ類のどれを表わしているかを答えなさい。

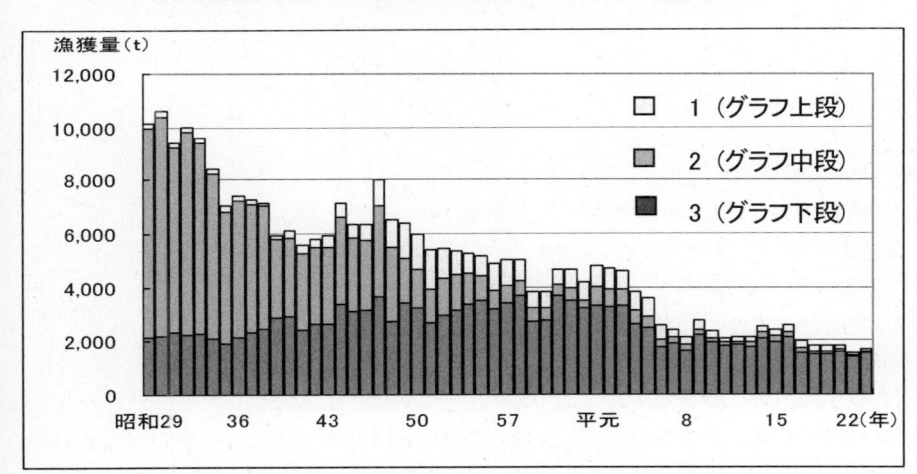

---

前ページの解答

3 （ア）低炭素社会　（イ）びわ湖環境

『滋賀の環境2012』P.6～7
　滋賀県は2009年（平成21）年12月、環境保全に関する施策を総合的かつ計画的に推進するために「第三次滋賀県環境総合計画」を策定しました。計画では、おおむね一世代後である2030（平成42）年を想定した「持続可能な滋賀社会」を目指すべき将来の姿と位置付けており、その実現を図るために、温室効果ガス排出量50％削減（1990（平成2）年比）を目指す「低炭素社会の実現」と、びわ湖流域および周辺で健全な生態系と安全・安心な水環境を確保し、遊・食・住などの人の暮らしとびわ湖の関わりの再生を目指す「びわ湖環境の再生」を、二つの長期目標としています。

6 以下の文の(ア)〜(イ)に適当な整数または語句を入れよ。

びわ湖フローティングスクールは、学校教育の一環として、県内すべての小学校と特別支援学校、外国人学校の( ア )年生を対象に、母なる湖・びわ湖を舞台にして、学習船「( イ )」を活用した1泊2日の宿泊体験学習を実施してきた。1983(昭和58)年の就航以来、乗船した児童は29年間で四十万人を超える。

---

前ページの解答

4 底生動物:セタシジミ、イケチョウガイなど39種の中から2種
　魚類:ビワマス、ニゴロブナ、ビワコオオナマズなど16種の中から2種
　『滋賀の環境2012』P.10
　びわ湖水系に生息する底生動物と魚類の固有種は次のとおり。
　＜底生動物＞39種
オオツカイメン、ビワオオウズムシ、ビワカマカ、ナリタヨコエビ、ビワコエグリトビケラ、ナガタニシ、ビワコミズシタダミ、フトマキカワニナ、タテヒダカワニナ、ハベカワニナ、イボカワニナ、ヤマトカワニナ、カゴメカワニナ、シライシカワニナ、オウミガイ、ヒロクチヒラマキガイ、タテボシガイ、ササノハガイ、マルドブガイ、セタシジミ、マクロストームム・カワムライ、イカリビル、アナンデールヨコエビ、ビワコシロカゲロウ、カワムラナベブタムシ、ホソマキカワニナ、クロカワニナ、ナンゴウカワニナ、モリカワニナ、ナカセコカワニナ、オオウラカワニナ、タテジワカワニナ、タケシマカワニナ、カドヒラマキガイ、イケチョウガイ、オトコタテボシガイ、メンカラスガイ、オグラヌマガイ、カワムラマメシジミ
　＜魚類＞16種
ビワマス、アブラヒガイ、ビワヒガイ、ホンモロコ、スゴモロコ、ヨドゼゼラ、ワタカ、ゲンゴロウブナ、ニゴロブナ、ビワコオオナマズ、イワトコナマズ、イサザ、ビワヨシノボリ、ウツセミカジカ、スジシマドジョウ(大型種)、スジシマドジョウ(小型種びわ湖型)

5 1 エビ類　2 貝類　3 魚類
　『滋賀の環境2012』P.11
　びわ湖の漁獲量は1955(昭和30)年頃をピークに減り続けています。その背景としては、魚の産卵や繁殖の場が減少したことや、最近では外来魚やカワウによる食害など、様々な原因が考えられています。

7 次の問いに答えよ。
　滋賀県がびわ湖に設置している次の写真のブイ（標識）は何を示しているかを答えなさい。

8 次の問いに答えよ。
　びわ湖では、異常に繁殖する外来魚や繁茂する水草、また、有害鳥獣による農林水産業への被害が深刻化し、社会問題になっている。
(1) びわ湖で異常繁殖する外来魚で、リリース（再放流）禁止の対象となっている外来魚2種のうち1種を答えなさい。
(2) びわ湖や周辺の湾などで確認されている水草のうち、国の「特定外来水生植物」に指定されている水草1種を答えなさい。
(3) びわ湖の島や伊崎半島などに大規模に営巣し、深刻な漁業被害や植生被害を及ぼしている有害鳥の名前を答えなさい。

1級

---

前ページの解答

6 （ア）5　（イ）うみのこ　（すべてひらがなが正解）
『滋賀の環境2012』P.17
びわ湖フローティングスクールでは「うみのこ」での学習を通じて、児童に「夢とロマン」を抱かせ、人と自然へのやさしさをもつ人間形成を行うことを目的としています。中でも「びわ湖環境学習」と名付けている領域では、「びわ湖に学ぶ　びわ湖を通して学ぶ」をテーマに、「カッター活動」や「『湖の子』水調べ」など当スクールならではの環境に関する各種の体験プログラムを用意し、各学校の教育計画に応じて実施しています。

9 次の問いに答えよ。
滋賀県が定めている次のロゴマークの(ア)～(ウ)の空白部に書かれている語句を答えなさい。

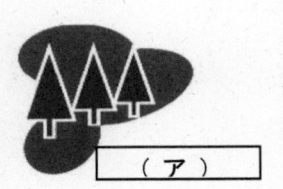

（ア）　　　（イ）　　　（ウ）

---

前ページの解答

7 プレジャーボート航行規制水域
『滋賀の環境2012』P.32
びわ湖におけるレジャー活動による環境への負荷の低減を図るため、2003(平成15)年4月から「滋賀県びわ湖のレジャー利用の適正化に関する条例」(びわ湖ルール)が施行されました。このルールをもとに、水上オートバイを中心とするプレジャーボートの騒音から、湖岸の住居集合地域等の生活環境や水鳥の生息環境さらには水産動物の生育環境の保全やレジャー利用に係る良好な利用環境を確保するため、航行規制水域を設け、水域内での航行を原則として禁止しています。
写真のブイは「プレジャーボートの航行規制」の区域を表示する標識で、このブイが示す航行規制水域は2012(平成24)年4月1日現在26箇所あります。

8 (1)オオクチバス、ブルーギルから1種
(2)ボタンウキクサ、ミズヒマワリ、ナガエツルノゲイトウ、オオフサモから1種
(3)カワウ
『滋賀の環境2012』P.32、P.35～37
びわ湖で異常繁殖する外来魚(オオクチバス、ブルーギル)は、ニゴロブナやホンモロコなどの水産資源はもとより、水生動物を著しく食害し、びわ湖独自の生態系に大きな歪みを生じさせ、漁獲量の極端な減産を引き起こす主要な要因の1つとなっています。
異常繁茂する「特定外来水生生物」は4種あり、ミズヒマワリは矢橋人工島中間水路で、ナガエツルノゲイトウは彦根市の神上沼および不飲川、大津市小野地先などで発生が確認されています。
有害鳥獣カワウについては、竹生島(長浜市)、葛籠尾崎(長浜市)、伊崎半島(近江八幡市)などに大規模な営巣地があります。

10 次の問いに答えよ。

滋賀県では、びわ湖を中心とした、広がりのある美しい景観づくりを進めている。

(1) 滋賀県で1984(昭和59)年に制定された、美しい湖国の風景づくりを進めるための条例の名前「(　　)の風景を守り育てる条例」の(　)に入る適当な語句を答えなさい。

(2) 国では2004(平成16)年に「景観法」を制定し、県や市町の申し出に基づき「重要文化的景観」を選定してきた。滋賀県で現在までに選定されている3か所の重要文化的景観のうち1か所の名前を答えなさい。

---

前ページの解答

9 (ア) びわ湖材　『滋賀の環境2012』P.38
　(イ) 魚のゆりかご水田米　『滋賀の環境2012』P.33
　(ウ) ビワクルエコ製品　『滋賀の環境2012』P.59

びわ湖材
滋賀県では、木材の産地から製品の加工流通に至る過程に県産材産地証明制度を導入することで、消費者に情報の透明性を高めることを目的として、産地証明された県産材を「びわ湖材」と名付け、積極的な活用を進めています。

魚のゆりかご水田米
滋賀県では、びわ湖周辺の水田を魚類の産卵繁殖の場として再生するため、間伐材を用いた魚道の設置を進める「魚のゆりかご水田プロジェクト」に取り組んでいます。2007(平成19)年度から「魚のゆりかご」となった水田でとれたお米を「魚のゆりかご水田米」としてブランド化を図ることで、広くこの取り組みを知ってもらうとともに、取り組み農家をバックアップすることなどにより、この事業を推進しています。

ビワクルエコ製品
リサイクル製品認定制度は、循環資源(廃棄物や製造過程で発生する副産物)から作られるリサイクル製品を県が「ビワクルエコ製品」と認定することにより、県民などに利用促進を図るとともに、県自らが公共事業などを通じて率先利用に努めようとするものです。2005(平成17)年に第1回目の認定を行い、2012(平成24)年4月1日現在でコンクリート二次製品、改良土、堆肥などの218製品をリサイクル製品として認定しています。

11 次の問いに答えよ。
次（次ページ）の二つの折れ線グラフは、有機物の汚染の程度を表す二種類の水質指標（有機物汚濁指標）のびわ湖（南湖と北湖）における経年変化を示したものである。
(1) ①②のグラフは、それぞれ何と呼ばれる水質指標を示すものか答えなさい。
(2) ①のグラフが減少や横ばい傾向あるのに対し、②のグラフは上昇または横ばいの傾向を示している。同じ有機物汚濁指標であるにも関わらず、このような傾向の違いが生じている原因を答えなさい。

---

前ページの解答

10 (1) ふるさと滋賀
　　(2)「近江八幡の水郷」「高島市海津・西浜・知内の水辺景観」「高島市針江・霜降の水辺景観」
　　　から1か所
『滋賀の環境2012』P.40～41
滋賀県では、1984（昭和59）年にふるさと滋賀の風景を守り育てる条例（風景条例）を制定し、美しい湖国の風景づくりに取り組んできました。
一方、国では2004（平成16）年に、これまでの地方自治体の取り組みに法的な位置付けを与えるとともに、地方自治体の取り組みを促進することが目的の、我が国で初めての景観に関する総合的な法律である「景観法」を制定しました。景観法では景観行政を担う地方自治体を「景観行政団体」として位置づけており、県内では2011（平成23）年度末現在で、滋賀県のほか大津市、彦根市、長浜市、近江八幡市、草津市、守山市、栗東市、高島市、東近江市の9市が景観行政団体になっています。
人間の営みの中で形成された景観を「文化的景観」と呼び、この中で特に優れた景観は、県や市町の申し出により、国が「重要文化的景観」として選定していますが、滋賀県では、2011（平成23）年現在「近江八幡の水郷」（2006（平成18）年1月）、「高島市海津・西浜・知内の水辺景観」（2008（平成20）年3月）、「高島市針江・霜降の水辺景観」（2010（平成22）年8月）の3か所が選定されています。

①

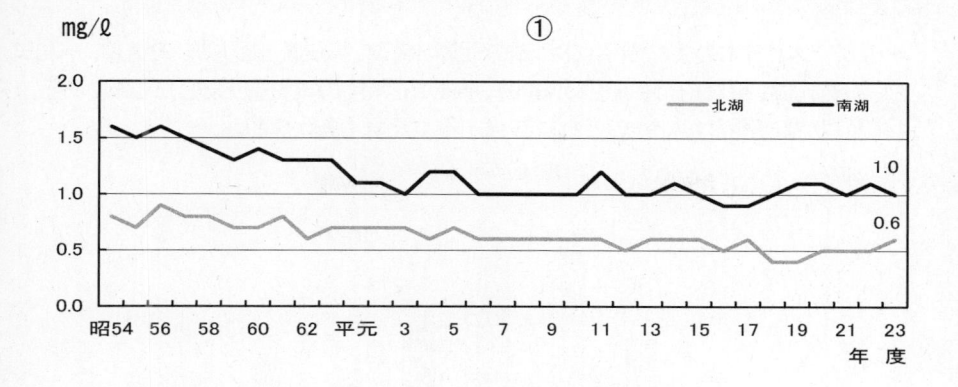

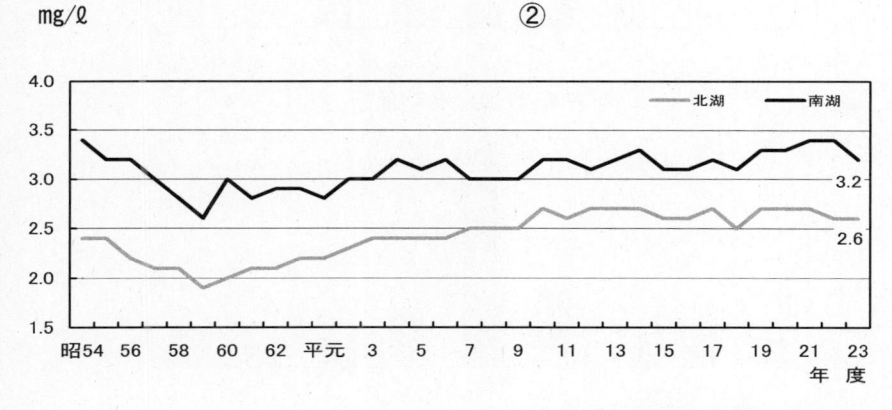

(グラフ：mg/ℓ、北湖と南湖、昭54～平23年度、南湖 1.0、北湖 0.6)

②

(グラフ：mg/ℓ、北湖と南湖、昭54～平23年度、南湖 3.2、北湖 2.6)

出典 滋賀の環境 2012（2012年度）

---

前ページの解答

11 (1) ①「生物化学的酸素要求量」または「BOD」
　　　②「化学的酸素要求量」または「COD」
　(2) 湖水中の「難分解性有機物の蓄積」または「生物によって分解されにくい有機物の蓄積」

『滋賀の環境 2012』P.42～43

滋賀県、国土交通省近畿地方整備局と水資源機構は共同で北湖 31 定点、南湖 20 定点でびわ湖表層水質の調査を毎月 1 回実施しています。調査項目は、pH、BOD、COD などの「生活環境項目」、カドミウム、全シアン、鉛などの「健康項目」、ニッケル、モリブデン、アンチモンなどの「要監視項目」およびアンモニア性窒素、りん酸イオンなどの「その他項目」です。

「生活環境項目」について昭和 50 年代からの経年変化を見ると、大半の項目が改善傾向にある中で、COD だけが低下しないという傾向を示しています。この原因の一つとして湖水中の「難分解性有機物」の蓄積が考えられ、その影響や対策について調査研究が進められています。

1級

12 次の問いに答えよ。

次のグラフは日本の主な湖沼(びわ湖の北湖と南湖、霞ヶ浦、諏訪湖、宍道湖、十和田湖、猪苗代湖、手賀沼、尾瀬沼)の2007(平成19)年度の水質を比較したものである。びわ湖の北湖と南湖はA〜Iのどれに該当するか記号で答えなさい。

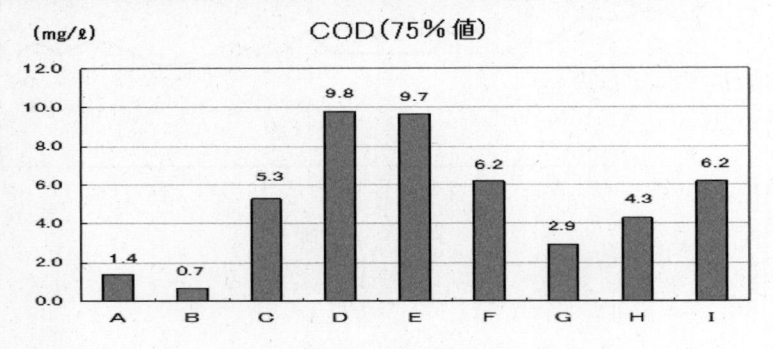

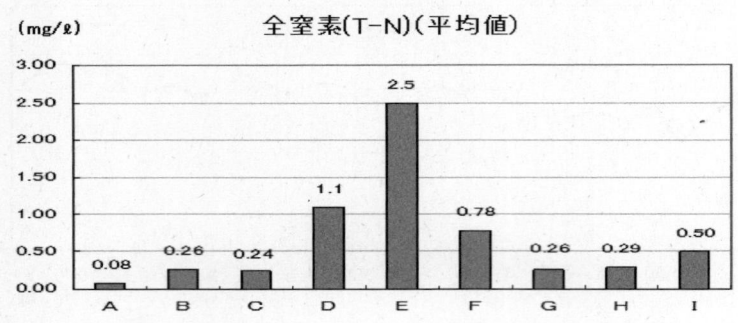

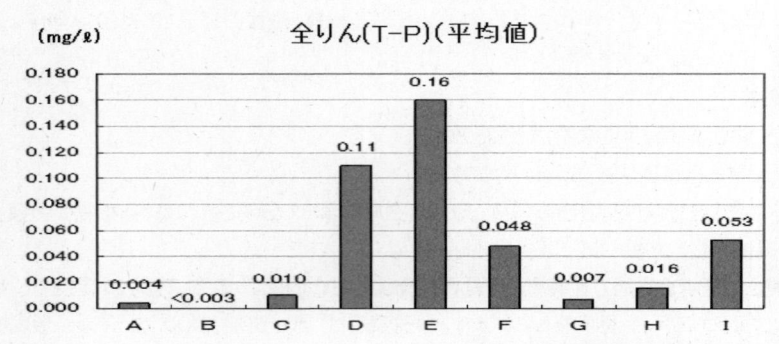

(mg/ℓ)　COD(75％値)

| | A | B | C | D | E | F | G | H | I |
|---|---|---|---|---|---|---|---|---|---|
| COD | 1.4 | 0.7 | 5.3 | 9.8 | 9.7 | 6.2 | 2.9 | 4.3 | 6.2 |

(mg/ℓ)　全窒素(T-N)(平均値)

| | A | B | C | D | E | F | G | H | I |
|---|---|---|---|---|---|---|---|---|---|
| T-N | 0.08 | 0.26 | 0.24 | 1.1 | 2.5 | 0.78 | 0.26 | 0.29 | 0.50 |

(mg/ℓ)　全りん(T-P)(平均値)

| | A | B | C | D | E | F | G | H | I |
|---|---|---|---|---|---|---|---|---|---|
| T-P | 0.004 | <0.003 | 0.010 | 0.11 | 0.16 | 0.048 | 0.007 | 0.016 | 0.053 |

出典　全国湖沼資料集(第21集)(2007年度)

13 次の問いに答えよ。
びわ湖では昭和40年代から富栄養化現象が見られ始めるようになった。
(1) 水道水のかび臭は、1969(昭和44)年に初めて問題となった。かび臭の原因として確認されているプランクトン類を①～④の中から選べ。
(2) 淡水赤潮は、1977(昭和52)年に初めて大規模な発生が観測された。その原因となるプランクトン類を①～④の中から選べ。
(3) アオコは、1983(昭和58)年に初めて発生が観測された。その原因となるプランクトン類を①～④の中から選べ。
①フォルミディウム属、アナベナ属、オシラトリア属
②ウログレナ・アメリカーナ
③ミクロキスティス属、アナベナ属、オシラトリア属、アファニゾメノン属
④ウログレナ・アメリカーナ、アナベナ属、オシラトリア属

14 次の問いに答えよ。
県北部にある湖沼(面積1.97km²(平方キロメートル)、最大水深13m)では、昭和50年代後半から富栄養化の進行に伴いプランクトンが異常発生し、湖内全域にアオコなどが確認されるようになった。そのため、植物プランクトンの増殖と湖底からのリンの溶出を抑制するための対策を実施(設備を設置)したところ、湖内全域でのアオコの発生は確認されなくなった。
(1) この湖沼の名前を答えなさい。
(2) この湖沼でどのような対策が実施(設備を設置)されたかを答えなさい。

---

前ページの解答
12 びわ湖北湖:G
びわ湖南湖:H
『滋賀の環境2011』P.43
グラフは、それぞれ A:十和田湖、B:猪苗代湖、C:尾瀬沼、D:霞ヶ浦、E:手賀沼、F:諏訪湖、G:びわ湖北湖、H:びわ湖南湖、I:宍道湖の水質を示しています。

15 以下の文の(ア)～(オ)に適当な整数または語句を入れよ。

滋賀県内には、( ア )と( イ )の二つの国定公園と、三上・田上・信楽、朽木・葛川、( ウ )の三つの( エ )があり、県面積に占める自然公園面積の割合は約( オ )%である。

---

前ページの解答

13 (1)：①
　 (2)：②
　 (3)：③

『滋賀の環境2012』P.45、P.67

水道水の異臭は1969(昭和44)年に、びわ湖を水源とする京都市の水道でかび臭の苦情が出たのが最初です。悪臭の原因物質としては、5月ごろに増える「フォルミディウム属」が発生する2-メチルイソボルネオール(2-MIB)と、8月ごろに増える「アナベナ属」が発生するジオスミン、「オシラトリア属」が発生する2-MIBが確認されています。

また、赤潮は4月～6月初めにかけて「ウログレナ・アメリカーナ」によって引き起こされるもので、発生すると、湖水は赤褐色に変色し、生ぐさ臭を伴います。なお、赤潮は2010(平成22)年度と2011(平成23)年度に発生は観られませんでした。アオコは「ミクロキスティス属」「アナベナ属」「オシラトリア属」「アファニゾメノ属」などによって8月～10月にかけて引き起こされる現象で、発生すると湖水は緑色のペンキを流したようになります。アオコは港湾などの水域に発生し、毎年のように観られています。

14 (1) 余呉湖
　 (2) 湖底に酸素を供給する施設の設置
（間欠式空気揚水筒の設置,又は、深層ばっき施設の設置も可）

『滋賀の環境2012』P.51

本県北部にある余呉湖では、昭和50年代後半から富栄養化の進行に伴い、プランクトンが異常発生し、湖内全域にアオコなどが確認されるようになりました。
このため、初夏から秋にかけて水温躍層が形成される時期に循環混合が確保されるよう、1993(平成5)年度に間欠式空気揚水筒を設置したところ、表層のBOD濃度が低下する傾向が見られ、COD濃度の上昇も抑えることができました。しかし、その後もアオコの発生が続いたことから、底層に酸素を供給しリンの溶出を防止するため、2002(平成14)年度から、深層ばっ気施設を揚水筒に替え設置しました。その結果、アオコの発生は局所的には認められるものの、湖内全域での発生は確認されなくなりました。

16 以下の文の(ア)～(ウ)に適当な語句を入れよ。

　散在性ごみとは、ポイ捨てなどにより道路辺等に散乱している空き缶、ペットボトル、たばこの吸い殻などのごみのことを言うが、景観をそこねるだけでなく、河川を通じてびわ湖に流れ込みびわ湖にも少なからず影響を与えている。そのため、滋賀県では1992（平成4）年に「滋賀県ごみの（ ア ）に関する条例」を制定し、5月30日、7月1日、12月1日を「（ イ ）の日」と定め、多くの市民の参加により、清掃活動などに取り組んでいる。また、県民、事業者などの団体が、道路や湖岸などの公共的な場所の一定区間を、継続的に、責任を持って清掃・美化活動を行う「淡海（ ウ ）制度」などにより美化管理を進めている。

17 以下の文の(ア)～(エ)に適当な整数または語句を入れよ。

　滋賀県では、より安全で安心な農産物を消費者に供給するとともに、環境と調和のとれた農業を推進するために、2003（平成15）年に「滋賀県（ ア ）推進条例」を定め、（ ア ）に取り組む農業者を、「環境こだわり農産物認証制度」や「環境農業直接支払制度」により支援してきた。2011（平成23）年度時点で環境こだわり農産物栽培面積は14,455haに達し、このうち（ イ ）では作付面積の（ ウ ）％で取り組まれるまで拡大している。また、このような取り組みの結果、化学合成農薬の県内使用量は2000（平成12）年度の（ エ ）割未満にまで減少している。

1級

---

前ページの解答
15　(ア)　びわ湖
　　(イ)　鈴鹿
　　(ウ)　湖東
　　(エ)　県立自然公園
　　(オ)　37（40でも可）
『びわ湖検定公式問題解説集』P.10
『滋賀の環境2012』P.31

68

18 次の問いに答えよ。
びわ湖周辺に存在する内湖は、明治時代には総面積で約35.2㎢(平方キロメートル)あったが、現在ではその7分の1の約5.3㎢(平方キロメートル)にまで減少している。内湖とはどの様なものを言うのか、また、内湖減少の主な原因と、内湖が環境保全に果たす役割などについて200字以内で書きなさい。

19 次の問いに答えよ。
大中の湖南遺跡で見つかった矢板や杭で区画された弥生時代中期の遺構は何か。

---

前ページの解答

16 (ア) 散乱防止
　(イ) 環境美化
　(ウ) エコフォスター
『滋賀の環境2012』P.62
散在性ごみは、近年、空き缶、空きびん等だけでなく、釣り客による釣針や釣り糸などの投げ捨ても目立ち、水鳥などの生物への影響も大きくなっています。散在性ごみの多くが、路上に散乱するだけでなく、河川を通じてびわ湖に流れ込み、美しい景観をそこねるだけでなく、びわ湖にも少なからず影響を及ぼしています。
このため、1992(平成4)年に滋賀県では「滋賀県ごみの散乱防止に関する条例」が制定され、啓発や美化推進が進められている他、5月30日、7月1日、12月1日が「環境美化の日」と定められ、この日には、県内各地で多くの県民・企業などによる一斉清掃活動が展開されています。
また、2000(平成12)年度からは、県民、事業者などが知事や市町長等との合意に基づき、道路や湖岸などの公共の場所の一定区間を、継続的にボランティアによって美化清掃、管理する活動を進めています。この制度は「淡海エコフォスター制度」と呼ばれ、エコフォスターとはエコ(環境)をフォスター(育成)することを意味します。

17 (ア) 環境こだわり農業
　(イ) 水稲(米でも可)
　(ウ) 37 (40でも可)
　(エ) 6
『滋賀の環境2012』P.22

20 以下の文の(ア)〜(ウ)の中に入る最も適当なものを、それぞれの①〜④の中から選べ。

現在の大津市北郊一帯は、古墳時代後期、「( ア )」と総称される渡来人グループが本拠地とした地域と考えられている。古墳石室の特徴的な副葬品としては、ミニチュア炊飯具があり、集落跡である( イ )からは大壁造建物やオンドルの遺構が見つかっている。飛鳥時代初期、最初の遣隋使となった小野妹子は、渡来系氏族とも交流のあった小野一族の出身で、大津市の小野神社に祀られる一族の祖は「日本で初めて( ウ )をした人物」として信仰されている。

(ア) ①錦部村主　②大友村主　　　③志賀漢人　④朴市秦氏
(イ) ①穴太遺跡　②滋賀里遺跡　　③神田遺跡　④竹ヶ鼻遺跡
(ウ) ①相撲の行司　②毛筆と墨による書道　③かるた取り　④餅つき

21 以下の文の(ア)〜(ウ)に入る最も適当な語句を答えよ。

大津宮(大津京)遷都からわずか4年後に( ア )天皇は世を去り、翌年、その後継者をめぐって( イ )が起こる。大友皇子が率いる朝廷軍と弟の( ウ )の反乱軍が近江国各地で闘った結果、朝廷軍は大敗した。

---

前ページの解答

18 (解答例)内湖は、もともとびわ湖の一部であった水域がびわ湖から切り離されてできた水域で、びわ湖とは細い水路でつながっているものを言う。明治時代には大小100余りあったが、食糧増産のための干拓などで大部分が消失し、現在では23が残るのみとなっている。内湖は、集水域からの汚濁物を沈殿除去するなど水質浄化の役割を果たし、また、ヨシ帯などの豊かな自然環境を有し、水鳥の生息や在来魚の繁殖の場として重要な役割を果たしている。
※食糧増産は農地造成でも可。

『滋賀の環境2012』P.34、
内湖とは、びわ湖の一部であった水域が、沿岸流や河川による土砂の堆積でびわ湖から切り離されて生まれた潟湖の一種です。びわ湖とは細い水路などでつながっています。内湖は、明治時代には大小100余り、総面積では約35.2k㎡(平方キロメートル)ありましたが、食糧増産や土地造成などの目的で干拓され、現在では23、人造内湖を加えても約5.3k㎡(平方キロメートル)にまで減少しています。
内湖は、流入した水を一旦貯留した後にびわ湖へ流出させることによって、集水域からの汚濁負荷を沈殿除去する水質浄化の役割を果たしているとともに、内湖のヨシ帯は、びわ湖周辺のヨシ帯面積の半分以上を占め、多くの生物の生息場所となるなど、生態系の保全の役割も果たしています。

19 水田(跡)
『続・びわ湖検定公式問題解説集』P.29

22 次の問いに答えよ。
2010(平成22)年、国内最長(長さ2m25cm)の起請文木簡が出土した長浜市西浅井町にある平安時代の神社跡の遺跡は何というか。

23 次の問いに答えよ。
大津市逢坂の神社に歌舞音曲の神として祀られている醍醐天皇の第4皇子とも伝えられる平安時代前期の伝説的歌人は誰か。

24 次の問いに答えよ。
「近江の湖は海ならず　天台薬師の池ぞかし」の一節を含む歌が採録されている平安時代末期の歌謡集『梁塵秘抄』の編者は誰か。

25 次の問いに答えよ。
現在の野洲市出身で、平清盛に愛された女性の一人として『平家物語』に登場する祇王・祇女が得意とした、今様(流行歌)などを歌いながら舞う歌舞を何というか。

26 次の問いに答えよ。
近江八景のモデルとされる山水画の伝統的な画題、瀟湘八景が生まれた中国湖南省の水郷地帯にある湖の名前は何というか。

---

前ページの解答
20 (ア)③(志賀漢人)
　(イ)①(穴太遺跡)
　(ウ)④(餅つき)
　『続・びわ湖検定公式問題解説集』P.31、P.32、P.51
21 ア：天智
　イ：壬申の乱
　ウ：大海人皇子
　『続・びわ湖検定公式問題解説集』P.32

27 以下の文の(ア)〜(エ)に入る最も適当なものを、①〜④の中から選べ。
朽木氏は、佐々木( ア )の二男で高島氏を称した高信の四男( イ )が高島郡朽木荘に住みついたことに始まる。代々足利将軍家の近習を務め、朽木( ウ )の代の頃、京を追われた足利義晴を滞在させ、( ウ )の孫にあたる( エ )は元亀元年、越前朝倉氏を攻めて浅井氏の裏切りにあい、西近江路を敗走した織田軍を先導して助けたことで知られる。
①元綱　②稙綱　③信綱　④義綱

---

**前ページの解答**

**22 塩津港遺跡**
　塩津港遺跡は、奈良・平安時代から敦賀と琵琶湖を結ぶ塩津街道の起点として栄えた長浜市西浅井町塩津の琵琶湖岸に所在する港を中心とした遺跡である。2006〜2008(平成18〜20)年度の発掘調査で、平安時代後期の神社跡が見つかり、その後国内最長のものを含む多数の起請文木簡が出土した。これらは、運送業者が荷物を紛失せずに確実に届けることを神々に誓ったものである

**23　蝉丸**
　『続・びわ湖検定公式問題解説集』P.49

**24　後白河法皇**
　『びわ湖検定公式問題解説集』P.39

**25　白拍子(舞姫でも可)**
　祇王・祇女とは、『平家物語』の巻第一「祇王」の段に登場する姉妹である。白拍子(舞姫)として都で評判だった祇王は平清盛の寵愛を受け、清盛の邸宅で恵まれた日々を送るようになる。しかし、3年後、若い白拍子の名手、仏御前が現れると清盛は心変わりし、姉妹は邸宅から追い出されてしまう。その後、姉妹とその母刀自は嵯峨野で仏門に入り、仏御前もその後を追って尼となったとされる。野洲市永原・中北・北付近は彼女らの生まれ故郷とされ、水不足に苦しむ村人のために祇王が清盛に願い出て開かれたと伝わる用水「祇王井」、祇王の遺徳を偲んで村人が建立した妓王寺がある。

**26　洞庭湖**
　『びわ湖検定公式問題解説集』P.36

28 次の①～④の城の説明と、(ア)～(エ)の名前を組み合わせよ。
　①六角氏の家臣小倉氏の居城として築かれたが、内紛の結果、その領地とともに蒲生氏領に組み込まれた。
　②中山道を眼下に望む標高300mを超す山頂に、北近江と南近江の境目の城として築かれた。
　③湖西では最大規模の城で、高島七頭の惣領家の本城だったが、織田信長によって落城したとされる。
　④観音寺城の落城後、六角氏復興の拠点となるが、柴田勝家らの軍勢によって落城する。

　(ア) 清水山城
　(イ) 佐久良城
　(ウ) 鯰江城
　(エ) 鎌刃城

29 次の問いに答えよ。
　下記の①～③の地名「　」内の読みを平仮名で書け。
　①「大物」（大津市）　　　江戸時代に洪水対策として築かれた百間堤と呼ばれる長さ約200mにおよぶ石積みがある。
　②「下豊浦」（近江八幡市）　安土城跡がある安土山と西の湖の間にあり、豊浦ネギの栽培が盛んである。
　③「追坂峠」（高島市）　　高島市マキノ町海津と小荒路の境の峠で、そばにできた道の駅の名称にも用いられている。

前ページの解答
27 ア：③（信綱）
　　イ：④（義綱）
　　ウ：②（稙綱）
　　エ：①（元綱）
『続・びわ湖検定公式問題解説集』P.37、38

30 次の問いに答えよ。
下記の①〜③の人名「　」内の読みを平仮名で書け。
①「勾当内侍」　　後醍醐天皇に仕えたのち、新田義貞の妻となった美女で、義貞が戦死するとびわ湖に入水したとされ、大津市に墓がある。
②「浅見絅斎」　　高島郡生まれの朱子学者で、その著書は幕末の志士吉田松陰らに影響を与えたとされる。
③「籠手田安定」　滋賀県の２代県令（現在の知事）となり、琵琶湖疏水の計画に対して湖水減少を理由に強く反対した。

31 次の問いに答えよ。
県内で伊吹山の次に高い山の名前は何か。

32 次の問いに答えよ。
琵琶湖八景に選定されている８つの景勝地のうち、①〜③に入る２文字を（ア）〜（ウ）から選べ。

暁　　霧　　海津大崎の岩礁
（　①　）　雄松崎の白汀
煙　　雨　　比叡の樹林
夕　　陽　　瀬田・石山の清流
（　②　）　賤ヶ岳の大観
（　③　）　竹生島の沈影
月　　明　　彦根の古城
春　　色　　安土・八幡の水郷

（ア）新雪　（イ）深緑　（ウ）涼風

---

前ページの解答
28 ①：イ
　②：エ
　③：ア
　④：ウ
　『続・びわ湖検定公式問題解説集』P.41、42
29 ①だいもつ
　②しもといら
　③おっさかとうげ
　『続・びわ湖検定公式問題解説集』P74、P.87、P.89

1級

74

33 以下の文の(ア)、(イ)に入る最も適当な語句を答えよ。
米原市醒井にある居醒の清水は、( ア )が傷を癒した場所と伝わり、ここを源流とする( イ )はハリヨやバイカモ(梅花藻)が見られる清流である。

34 次の問いに答えよ。
「滋賀の食文化財」の一つにも選ばれている、びわ湖固有種の魚の炊き込み御飯をというか。

35 次の問いに答えよ。
滋賀県から全国各地に出荷されるアユの仔魚を安定的に生産するため造成された人工河川(アユの産卵場)がある川を二つあげよ。

36 次の問いに答えよ。
江戸時代初期に江戸日本橋で開業した八幡商人、西川甚五郎が商った品を二つあげよ。

37 次の問いに答えよ。
長浜市の特産である浜ちりめんは、緯糸に強く撚りをかけた生糸を用いて織られる。そのため表面に生じる細かな凹凸を何というか。

---

前ページの解答
30 ①こうとうのないし
②あさみけいさい
③こてだやすさだ
『続・びわ湖検定公式問題解説集』P.49、P.68
『びわ湖検定公式問題解説集』P.101
31 金糞岳
『続・びわ湖検定公式問題解説集』P.47
32 ①:ウ
②:ア
③:イ
『びわ湖検定公式問題解説集』P.10

38 次の問いに答えよ。
近年、再び夏用肌着の素材として人気が高まっている高島市産の綿糸織物を総称して何というか。

39 次の問いに答えよ。
信楽の名物、信楽狸が持っている酒徳利の表面には、丸(〇)の中に数字が書かれている。その数字は何か(漢字で)。

40 次の問いに答えよ。
以下の山の別名は何か。
①三上山(野洲市)
②繖山(近江八幡市／東近江市)
③八幡山(近江八幡市)

41 次の問いに答えよ。
以下の神社の別称①～③は何か。

天孫神社(大津市)の別称は　(　①　)さん
日吉大社(大津市)の別称は　(　②　)さん
豊満神社(愛荘町)の別称は　(　③　)さん

1級

---

前ページの解答

33 ア：日本武尊(ヤマトタケル)
　イ：地蔵川
　『続・びわ湖検定公式問題解説集』 P.76
34 アメノイオ御飯（アメノウオ御飯、又はマス飯も可）
　『びわ湖検定公式問題解説集』 P.79
35 安曇川、姉川
　『びわ湖検定公式問題解説集』 P.106
36 蚊帳、畳表
　『びわ湖検定公式問題解説集』 P.88
37 シボ
　『びわ湖検定公式問題解説集』 P.85

42 次の問いに答えよ。
　近江八幡市友定町の交差点で国道8号と分かれ、東に進んで三重県桑名市に至る国道421号の別名は何か。

43 次の問いに答えよ。
　次の歴史上の人物①〜④と、その墓（と伝わるもの）の所在地（ア）〜（エ）の名称を組み合わせよ。

①在原業平
②紀貫之
③北畠具行
④近藤重蔵

（ア）高島市勝野の瑞雪禅院墓地
（イ）比叡山坂本ケーブルもたてやま駅下車南へ300mにある石碑
（ウ）高島市マキノ町にある宝篋印塔
（エ）米原市清滝にある宝篋印塔

---

前ページの解答

38　高島クレープ（高島ちぢみ）
　　『続・びわ湖検定公式問題解説集』P.91
39　八
　　『続・びわ湖検定公式問題解説集』P.96
40　①：近江富士
　　②：観音寺山
　　③：鶴翼山
　　紫式部が「打ち出でて　三上の山を　詠れば雪こそなけれ　富士のあけぼの」と詠んだ近江富士という愛称がある。
　　『びわ湖検定公式問題解説集』P.68、P.69
41　①四宮
　　②山王
　　③旗神、または御旗
　　『びわ湖検定公式問題解説集』P.59、『続・びわ湖検定公式問題解説集』P.50

44 次の問いに答えよ。
本尊を写した高さ約 6m の地蔵菩薩像が境内にあり、地元で「木之本地蔵」の名で親しまれている長浜市木之本町の時宗寺院の名称は何というか。

45 以下の文の(ア)～(ウ)に入る最も適当なものを、それぞれの①～④の中から選べ。
長浜市高月町の向源寺にある国宝の木造十一面観音立像は、ヒノキの( ア )で、その様式から( イ )時代前期の制作と考えられる。昭和 40 年代、水上勉が読売新聞の連載小説『湖(うみ)の琴』で、ヒロインに出会った長唄師匠が「(この十一面観音立像の)生まれかわりみたいやな」と感じる場面などを書き、( ウ )も朝日新聞の連載小説『星と祭』で、「世界一の宝冠を戴く美しい女王」と形容したことで、その名が広く知られることになった。

(ア)　①一木造　②寄木造　③割矧造　④木心乾漆造
(イ)　①飛鳥　②奈良　③平安　④鎌倉
(ウ)　①井上靖　②司馬遼太郎　③谷崎潤一郎　④水上勉

46 以下の文の(ア)～(ウ)の中に入る最も適当な語句を答えよ。
重要伝統的建造物群保存地区に指定されている東近江市五個荘( ア )町では、近江商人屋敷が一般公開されている。呉服類の販売で成功した外村宇兵衛邸、その分家で作家( イ )の生家にあたる邸宅、明治から昭和初期にかけて朝鮮半島などに( ウ )百貨店を経営した中江家の五男の本宅、中江準五郎邸、以上の三つである。

1級

---

前ページの解答
42 八風街道
『びわ湖検定公式問題解説集』P.92
43 ①:ウ
　②:イ
　③:エ
　④:ア
『続・びわ湖検定公式問題解説集』P.35、P.69、P.70

**47** 次の問いに答えよ。

以下は、「琵琶湖周航の歌」3番と5番の後半部分の歌詞である。(ア)〜(エ)に適当な語句を入れよ。

3番．　行方定めぬ　波枕　今日は（　ア　）か　（　イ　）か
5番．　古城にひとり　佇めば　（　ウ　）も（　エ　）も夢のごと

**48** 次の問いに答えよ。

井伊直弼について、100字以上200字以内で書きなさい。
（アメリカと結んだ条約の名称、当時の直弼の江戸幕府での役職名、暗殺事件の中心となった浪士の出身藩、青年期を過ごした武家屋敷の名称は、必ず入れること。）

---

| 前ページの解答 |

**44** 浄信寺
　　『続・びわ湖検定公式問題解説集』P.57

**45** ア：①
　　イ：③
　　ウ：①
　　『びわ湖検定公式問題解説集』P.40、P.49
　　小説『湖の琴』は、湖北名産の楽器糸となる生糸を繰る娘・さくが主人公で、1966(昭和41)年には佐久間良子主演で映画化され、湖北一帯でロケも行われた。

**46** ア：金堂
　　イ：外村繁
　　ウ：三中井
　　『続・びわ湖検定公式問題解説集』P.45

前ページの解答

47 ア：今津
　イ：長浜
　ウ：比良
　エ：伊吹
　『びわ湖検定公式問題解説集』P.42

48 （解答例）井伊直弼は、彦根藩11代藩主井伊直中の十四男として生まれ、兄直亮の跡を継いで13代藩主となった。1858（安政5）年、幕府の大老に就任し、アメリカと日米修好通商条約を結ぶが、1860（万延元）年、開国に反対する水戸藩浪士らによって江戸城桜田門外で暗殺された。彦根城中堀に面して立つ埋木舎で過ごした青年期から茶の世界に親しみ、「一期一会」という言葉を巻頭に置いた『茶湯一会集』など茶の湯に関する多くの著作と自作の茶道具を遺した。
　『びわ湖検定公式問題解説集』P.76
　『続・びわ湖検定公式問題解説集』P.43

第5回びわ湖検定　問題と解答

2013年8月8日第1版第1刷　発行

編集・発行・・・・・・・・・・・・・・・・・・・・・・・・・・・・・・・・・・・・・・・・
びわ湖検定実行委員会
〒520-0051 滋賀県大津市梅林1-3-24
オー・エックス大津ビル1階
株式会社JTB西日本　大津支店内
Tel.077-522-9258

発売・・・・・・・・・・・・・・・・・・・・・・・・・・・・・・・・・・・・・・・・・・・・・・・・
サンライズ出版　株式会社
〒522-0004 滋賀県彦根市鳥居本町655-1
Tel.0749-22-0627

印刷・製本・・・・・・・・・・・・・・・・・・・・・・・・・・・・・・・・・・・・・・・・
株式会社　シバタプロセス印刷
〒526-0015 滋賀県長浜市神照町499-1
Tel.0749-63-6860

©びわ湖検定実行委員会 2013
Printed in Japan ISBN978-4-88325-516-0

本書の全部または一部を無断で複写・複製することを禁じます。
落丁・乱丁のときはおとりかえいたします。